Pamela Obermaier & Dominik Borde

Mein innerer Tyrann

Pamela Obermaier & Dominik Borde

Mein innerer Tyrann

Über die Kunst,
sich selbst nicht im Weg zu stehen

GOLDEGG VERLAG

Bildrechte Autorenfoto: © Günther Ebenauer
Bildrechte Umschlag: Alexandra Schepelmann/donaugrafik.at

Der Verlag und seine Autoren sind für Reaktionen, Hinweise oder Meinungen dankbar. Bitte wenden Sie sich diesbezüglich an verlag@goldegg-verlag.com.

Der Goldegg Verlag achtet bei seinen Büchern und Magazinen auf nachhaltiges Produzieren. Goldegg Bücher sind umweltfreundlich produziert und orientieren sich in Materialien, Herstellungsorten, Arbeitsbedingungen und Produktionsformen an den Bedürfnissen von Gesellschaft und Umwelt.

ISBN: 978-3-99060-180–8

Friedrichstraße 191 • D-10117 Berlin
Telefon: +49 800 505 43 76-0

Goldegg Verlag GmbH, Österreich
Mommsengasse 4/2 • A-1040 Wien
Telefon: +43 1 505 43 76-0

E-Mail: office@goldegg-verlag.com
www.goldegg-verlag.com

Layout, Satz und Herstellung: Goldegg Verlag GmbH, Wien
Printed in the EU

»Angst ist nur ein Gedanke. Gäbe es etwas neben dem Selbst, dann bestünde Grund zur Angst. Wer sieht die Dinge getrennt vom Selbst? Zuerst entsteht das Ego und sieht Objekte als etwas Äußerliches an. Wenn kein Ego entsteht, existiert nur das Selbst, und es gibt nichts Äußeres. Damit es etwas außerhalb von uns geben kann, muss es den Sehenden im Inneren geben. Suchen wir jenen dort, verschwinden Zweifel und Angst. Nicht nur die Angst verschwindet dann, sondern alle anderen Gedanken, die sich um das Ego drehen, verschwinden mit ihr.«

RAMANA MAHARSHI

Für meine Eltern und meine Ahnen vor ihnen, ohne die ich weder auf der Welt noch die wäre, die ich bin.

PAMELA OBERMAIER

Für meine vier Kinder, denen ich nichts mehr wünsche als die Fähigkeit, das Ego gehen zu lassen und ein Leben mit weniger Angst und mehr Liebe zu führen.

DOMINIK BORDE

Inhaltsverzeichnis

Stehst du dir manchmal selbst im Weg?

Liebe Leserin, lieber Leser!

»Eigentlich hab ich mir mein Leben völlig anders vorgestellt …«, »Ich glaube, ich hätte wesentlich mehr aus mir machen können«, »Aus meiner Beziehung ist irgendwie die Luft draußen«, »Mein Job ist alles andere als erfüllend, aber ich seh keine Alternative«, »Ich hab einfach viel zu viel zu tun, da bleibt überhaupt keine Zeit für mich!«

Kennst du solche Überlegungen, erinnert dich eine davon vielleicht an deine eigenen Gedanken und Gefühle? Damit bist du nicht allein: Jeder Mensch möchte glücklich sein. Das haben wir auf diesem Planeten alle gemeinsam – ganz gleich, wo wir in welchem Körper, mit welcher Hautfarbe und welchen Voraussetzungen geboren wurden. Doch nur die wenigsten können von sich behaupten, dieses Ziel erreicht zu haben. Jeder da draußen sucht das Glück, sieht sich aber mit diversen Schwierigkeiten und unerfüllten Träumen konfrontiert. In unserer westlichen Überflussgesellschaft haben sowohl die Probleme als auch die unerfüllten Sehnsüchte oft ein anderes Gesicht als in entwicklungs- oder kriegsgebeutelten Ländern, aber sie plagen uns dennoch. Eines der Hauptthemen unserer Zeit und insbesondere unserer Gesellschaft ist das überall herrschende »Ich habe keine Zeit«-Gefühl. Aus diesem gestressten Empfinden heraus wird es zunehmend schwieriger, sich dem zu widmen, womit wir unzufrieden sind, und die gewünschte Veränderung anzugehen. So haben viele Dauerstress im Beruf, finden keine zufriedenstellende Work-Life-Balance, werden als logische Konsequenz daraus immer weniger beziehungsfähig (denn mit jemandem in Beziehung zu treten, erfordert Zeit), sind frustriert mit ihrem Singledasein oder ihrer eingefahrenen Partnerschaft, fühlen sich von den Sorgen um die eigenen Kinder (oder vom unerfüllten Kinderwunsch) überwältigt und landen spätestens zur Lebensmitte in einem schwarzen

Loch der Unzufriedenheit, sobald ihnen bewusst wird, dass sich die Erfüllung des einen oder anderen Lebenstraums rein rechnerisch nicht mehr ausgehen wird.

Wie geht es dir damit? Bist du »rundum glücklich« oder zumindest »weitgehend zufrieden« mit dir und deinem Leben? Oder denkst du dir manchmal, du müsstest »eigentlich glücklicher« sein oder mit deinen Voraussetzungen »längst mehr erreicht« haben, stehst dir aber mit deinen Ängsten, Zweifeln und einer zu gering ausgeprägten Selbstsicherheit irgendwie selbst im Weg? Haderst du zeitweise mit dir, weil du dir dein Leben anders vorgestellt hast? Bist du noch auf der Suche nach dem passenden Partner oder hast du ihn zwar schon gefunden, aber ihr dreht euch mit euren Konflikten ständig im Kreis, was anstrengend ist und das große Glück verhindert? Hast du dir einen bestimmten Lebenstraum noch nicht erfüllt und langsam keimt das Gefühl auf, die restliche Lebenszeit dafür könnte zu knapp werden? Bist du beruflich noch nicht wirklich angekommen, weil du dir für dich etwas anderes gewünscht hättest? Lassen dich negative Erinnerungen – bevorzugt an deine Kindertage – nicht los oder melden sie sich immer dann zurück, wenn du es am wenigsten brauchen kannst? Hast du den Eindruck, du jagst den falschen Zielen hinterher und segelst damit am Sinn des Lebens vorbei?

Sofern du eine dieser Fragen mit »Ja, genau!« beantworten kannst, ist dieses Buch (wie) für dich gemacht! Wenn du mehr vom Leben willst als das, womit sich der Durchschnitt zufriedengibt, wenn du dir etwas anderes für dich wünschst als das, womit sich die meisten Menschen abspeisen lassen, wenn du bereit bist, dich in deiner Persönlichkeit zu entwickeln, um dein volles Potenzial auszuschöpfen, dann bist du hier genau richtig!

Wir möchten dir jemanden vorstellen, den du zwar kennst, seit du denken kannst, der dir aber womöglich nie bewusst aufgefallen ist: den kleinen Tyrannen, der in deinem Kopf sitzt und dort mit diversen Emotionen auslösenden Gedanken sein Spielchen treibt, das aus deiner Perspektive schwer zu durchschauen ist. Darum werden wir dir schildern, wie er entstanden ist, woher er kommt, wie er vorgeht, dich hemmt und dafür sorgt, dass du praktisch immer wieder über deine eigenen Füße stolperst – und wie du ihn loswerden kannst, damit der Spuk ein Ende hat. Du wirst im Laufe der Kapitel mehr und mehr erkennen, dass die dir von deinem inneren Tyrannen vorgegebenen Rollen in deinem Leben nicht deine Identität bedeuten. Dir wird klar werden, wie sich alles verändert, wenn du diese Rollen nicht länger so ernst und wichtig nimmst, und wie es dir gelingen kann, endlich im Sein anzukommen. Du wirst erleben, wie gefühlt gewaltige Probleme gar keine gleichermaßen große Lösung benötigen, um sich zu verabschieden. Du wirst erfahren, wie es ist, die dir von deinem inneren Tyrannen gesetzten künstlichen Grenzen zu überschreiten. Du wirst mithilfe eigens dafür ausgewählter Übungen einen Prozess absolvieren, durch den du die sabotierende Stimme in deinem Kopf mundtot machen kannst. Das wird dich dir selber ein Riesenstück näherbringen und dadurch wirst du dich zu einem *selbst*bestimmten Menschen entwickeln, der sein Glück schließlich *selbst*verantwortlich in die Hand nehmen und seine eigenen Entscheidungen aus den richtigen Gründen treffen kann – und damit *die Kunst, sich selbst nicht im Weg zu stehen*, erlernt haben wird.

Eins noch: Wir kennen uns nicht persönlich und dennoch duzen wir dich. Warum machen wir das? Weil wir nicht wollen, dass sich unser Verhältnis distanziert gestaltet. Je näher du uns nämlich an dich und deine Gedankenwelt heranlässt, desto wahrscheinlicher wird es, dass du von diesem Buch bestmöglich profitieren wirst. Und das ist unser Ziel!

Alles Liebe auf deinem neuen Weg wünschen dir
Pamela & Dominik

TEIL 1

DÜRFEN WIR VORSTELLEN: DEIN INNERER TYRANN!

Die Sabotage durch deinen inneren Tyrannen

Du sitzt in einem Meeting, in dem es um einen wichtigen Geschäftsabschluss geht. Da siehst du auf dem Display deines lautlos geschalteten Smartphones, dass deine Mutter anruft. Weil sie das tagsüber sonst nie tut – wissend, dass du während der Arbeit schlecht telefonieren kannst –, meldet sich kurz danach eine wohlbekannte Stimme in deinem Kopf: »*Vielleicht ist etwas passiert?!*« Von diesem Moment an bist du nervös, kannst dem Gespräch oder der Präsentation nicht mehr folgen, weil eine Überlegung die nächste ergibt und sich daraus eine Art reißende Stromschnelle von Gedanken bildet: »*Sie weiß doch, dass ich heute diesen wichtigen Termin habe. Sie würde also nur anrufen, wenn es wichtig ist*« wird zu »*Was ist, wenn sie einen Unfall gehabt hat und meine Hilfe braucht?*« und »*Ob ich kurz rausgehen kann, um sie zurückzurufen? Oder ruiniert das alles? Wie würde das für den potenziellen Kunden aussehen?*« Vor wenigen Sekunden ist es dir noch blendend gegangen und du warst konzentriert bei der Sache. Jetzt aber befindest du dich gedanklich und emotional nicht mehr im aktuellen Moment, sondern bei dem, was Tragisches geschehen sein könnte. Später wird sich aller Wahrscheinlichkeit nach herausstellen, dass nichts Schlimmes passiert war, sondern deine Mutter schlicht und einfach vergessen hatte, wo du gerade bist – und sich einfach nur mit dir unterhalten wollte.

Solltest du eine solche Situation noch nie erlebt haben, erinnerst du dich vielleicht an eine andere, in der dir wie aus dem Nichts ein Gedanke in den Sinn gekommen ist, der deine Emotionen hochkochen hat lassen – und schon hattest du dich nicht mehr im Griff. Daraus resultierend hast du womöglich etwas getan oder gesagt, das du so nicht geplant hattest oder sogar eine Entscheidung getroffen, die später Bauchweh verursachen wird. All dem fühlst du dich jedes

Mal aufs Neue hilflos ausgeliefert: Es trifft dich aus dem Nichts, war nicht vorhersehbar, du konntest dich auf diesen Angriff aus deinem Kopf nicht vorbereiten, es geht dir danach auf ganzer Linie schlecht und du hast deiner Meinung nach wieder mal prächtig dazu beigetragen, deinem Glück oder Erfolg wie ein überdimensionales Hindernis im Weg zu stehen.

Das kann in jeder erdenklichen Lebensphase und in jedem Bereich passieren: Du bist wiederholt in die Kommunikationsfalle mit deinem Partner getappt, woraus sich ein heftiger Streit entwickelt hat – der schlimmstenfalls sogar die Trennung nach sich ziehen wird. Du hast das Bewerbungsgespräch für deinen Traumjob vermasselt, weil dich die Nervosität übermannt und exakt das Falsche hat sagen lassen. Oder du hast dich als Elternteil gerade so verhalten, wie du es deinen eigenen Kindern gegenüber niemals machen wolltest – immerhin hattest du dir fest vorgenommen, unter keinen Umständen wie deine Mutter oder dein Vater zu werden.

Wir haben an dieser Stelle möglicherweise tröstende Worte für dich:

Es ist dein innerer Tyrann, der durch dich gedacht, gesprochen und gehandelt hat.

Was wir damit meinen, wer genau dieser innere Tyrann sein soll, was er warum mit dir macht und wie er nicht nur einzelne Situationen boykottiert, sondern dich auch auf lange Sicht davon abhält, eine Veränderung in einem deiner Lebensbereiche zu wagen, die dich nicht besonders glücklich machen – all das werden wir jetzt gemeinsam angehen.

Du kannst dir schon einmal überlegen, wie dein innerer Tyrann wohl aussehen könnte, wie du ihn dir vorstellst: Ist er vielleicht ein kleines Teufelchen mit gleißend gelben oder eine böse Hexe mit funkelnd grünen Augen? Sieht er wie ein Kobold mit feuerroten Haaren, wie eine schöne, aber eiskalt anmutende Königin, wie ein grimmiges Ungeheuer oder wie ein listiges Füchslein aus? Ist er ein im Schafspelz getarnter Wolf, ein niedlich wirkendes Häschen mit flauschigem Fell oder eher ein Gnom mit finsterer Miene? Hat er die schrille Stimme deiner ehemaligen Lehrerin, die du nie gemocht hast, säuselt er lieblich wie eine Meerjungfrau, bevor sie sich als hinterhältige Sirene entpuppt, oder klingt er wie ein Bösewicht aus einem Zeichentrickfilm mit einem übertrieben tiefen Lachen? Je genauer du ihn dir ausmalst, je klarer dein Bild von ihm ist, desto leichter wird es dir fallen, ihn zu identifizieren und zum Stillschweigen zu bringen.

Bevor wir ins Detail gehen, lass uns dir noch etwas Wichtiges mit auf den gemeinsamen Weg geben: Dein Leben findet nicht erst statt, nachdem du dieses Buch zu Ende gelesen haben wirst, sondern genau *jetzt*, in diesem Augenblick. Dich darüber zu ärgern, dass du deinen inneren Tyrannen erst heute entdeckt und entlarvt haben wirst, würde ihm geradewegs in die Hände spielen, denn mit dieser Emotion wärst du gleich wieder in einem der Muster, durch die er überhaupt erst Macht über dich erlangt hat. Aber eines nach dem anderen …

Was dein innerer Tyrann mit deinem Ego zu tun hat

Dein innerer Tyrann ist eng mit deinem Ich verbunden. Er nährt sich von deinem Ich-Sein und umgekehrt. Wie dein Ich bzw. Ego überhaupt entstanden ist und warum du geworden bist, wer du heute zu sein glaubst, werden wir uns später eingehend ansehen, wenn es um die identitätsstiftenden Ereignisse in deinem Leben und den Stammbaum deines Ich-Seins geht. Als Erstes möchten wir dir allerdings zeigen, wie (d)ein Ego funktioniert. Das wird dir zeitgleich Aufschluss über den Charakter und die Haltung deines inneren Tyrannen geben.

Dein Ego besteht aus zwei Teilen: einerseits aus deinem Geist und andererseits aus deinem Körper. Beides gemeinsam ergibt dein Ich-Bewusstsein. Auf beiden Ebenen kannst du zwischen Schmerz und Wohlbefinden alles wahrnehmen. Dabei ist emotionaler, geistiger Schmerz nichts anderes als dein innerer Widerstand und deine Angst, wenn eine Situation nicht so läuft, wie du sie dir vorgestellt hast. Geistiges Wohlbefinden hingegen ist Liebe. Der Dualismus in unserem geistigen Universum heißt folglich: Angst versus Liebe. Mit »Liebe« in diesem Kontext meinen wir nicht die persönliche oder gar romantische, sondern die, wie sie etwa der Buddhismus als Bezeichnung für das Gegenteil

von Angst geprägt hat. »Liebe« meint hier, etwas anzunehmen, wie es ist, ohne es verändern zu wollen. Mit diesen beiden Zuständen sieht sich dein Ego täglich konfrontiert, zwischen diesen beiden Polen schwanken deine Laune und dein Wohlbefinden.

Du erlebst dich sicherlich getrennt von deinen Besitztümern, würdest somit nicht sagen, dass du dein Auto, deine Wohnung oder dein Smartphone *bist*. Das ist eine absurde Frage, findest du? Na ja, so abwegig ist sie nicht, denn würden wir dich fragen: »Wer bist du?«, was wäre deine Antwort? Du würdest doch mit hoher Wahrscheinlichkeit entgegnen: »Ich bin« und im Anschluss deinen Namen nennen, richtig? Das ist so üblich, das hast du so gelernt. Die wichtige Info dazu lautet: Du bist aber auch nicht dein Name! Wir sind nicht einfach nur »Pamela« und »Dominik«. Unsere Namen sind bloß ein Label – es gibt zig andere Menschen mit demselben Vornamen. Genauso wenig bist du dein Beruf. Darum ist die altmodische Formulierung »Ich bin Lehrerin« alles andere als hilfreich für dieses Verständnis. Wesentlich stimmiger ist da schon »Ich arbeite als Lehrerin«. Ebenso wenig bist du Österreicherin, Deutscher oder Schweizerin; Fleischesser, Vegetarierin oder Veganer; Christin, Muslim, Atheistin oder Hindu, oder worüber du es sonst gewohnt bist, dich zu definieren. Womit du dich warum auch immer identifizierst, was du bisher für deine Persönlichkeit gehalten hast – all das sind nur Masken, die du dir für deine verschiedenen Rollen aufgesetzt hast, aber das bist nicht du. Um dich im Laufe des vor dir liegenden Veränderungsprozesses von deinem inneren Tyrannen befreien zu können, der dir unter anderem genau das weismachen will – nämlich dass du dein Name, deine Rolle als Tochter/Sohn/Mutter/Vater/Partnerin/Partner, dein Beruf, deine politische Einstellung, deine Staatsangehörigkeit, deine Religion oder dein Atheismus bist –, ist es notwendig, zu verstehen, was du bist und was du nicht bist.

Alles, was du wahrnehmen kannst, bist nicht du.

Lass uns erklären, worauf wir hinauswollen, bevor du mit zig Fragezeichen über dem Kopf das Buch zur Seite legst und dein innerer Tyrann wieder freie Bahn hat: Im Universum gibt es einerseits Fokus und andererseits Wahrnehmung. Der Fokus bewertet nicht, ob etwas gut oder schlecht ist – das macht nur dein Ego aus seinem Prisma-Blickwinkel heraus. Die Wahrnehmung ist eine überaus eingeschränkte: So sieht ein Hund die Welt naturgemäß komplett anders als ein Mensch, eine Frau wiederum anders als ein Mann, ein Kind anders als ein Erwachsener – diese Liste könnten wir beinahe endlos fortführen. Und alles, was du wahrnehmen kannst, bist nicht du. Während du jetzt gerade die Seiten dieses Buches siehst, ist dir sonnenklar, dass sie nicht du sein können. Dasselbe gilt für deine innere Stimme, die in vielen Fällen die Stimme deines inneren Tyrannen ist: Diese Stimme, die du inzwischen kaum mehr bewusst wahrnehmbar hören kannst, ist ähnlich wie eine nonstop von dir – und allen Menschen, die dich auf deinem bisherigen Lebensweg begleitet haben – besprochene Tonspur. Das bedeutet:

Dein Ego ist dein Gefängnis und dein innerer Tyrann der Gefängniswärter.

Denn das Bild, das du von deinem Ich hast und das dein innerer Tyrann täglich nährt, limitiert dich, weil es an gewisse Regeln und Erwartungen gekoppelt ist, die überwiegend unbewusst wirken. Sooft du als Kind mit kleinen Figuren »Prinz und Prinzessin« gespielt hast, war dir natürlich bewusst, dass du kein Prinz bzw. keine Prinzessin bist, sondern es sich gerade um ein Spiel handelte. Hättest du allerdings mehrere Jahre lang gespielt, wäre es wahrscheinlich, dass du irgendwann geglaubt hättest, du wärst tatsächlich ein Prinz – oder eben eine Prinzessin.

Nun hast du in deinem Leben viele verschiedene Rollen eingenommen und spielst sie schon beinahe so lang, wie du auf dieser Welt bist: Mit Sicherheit warst du Tochter oder Sohn, womöglich bist du Mutter oder Vater, du warst mal Schüler und später Lehrling oder Studentin, gute Freundin oder netter Kumpel, hast dich dann in deinem Beruf einer weiteren Rolle fügen müssen und so weiter und so fort. Du weißt aus diesem Grund, wie unabhängig voneinander diese unterschiedlichen Rollen auf dich wirken können: Du kannst in deiner Rolle als Ehepartner unglücklich sein, aber zeitgleich in deiner beruflichen Rolle rundum zufrieden. Solche Diskrepanzen in den verschiedenen Lebensbereichen kennst du sicher. Du weißt zudem: Jede deiner Rollen hat bestimmte Werte und funktioniert nach eigenen Regeln. Solltest du als Pflegekraft in einem psychiatrischen Krankenhaus arbeiten, könnte dein vorrangiger Wert »Ich sorge dafür, dass sich meine Patienten beruhigen, sobald sie sich aufregen« sein, und die Regel dazu könnte lauten: »Ich überzeuge sie davon, eine kurze Atemübung mit mir zu machen.« Sollte das gut funktionieren, wirst du einen hohen Selbstwert daraus schöpfen und dich als gute Pflegekraft empfinden. Wenn du nun aber am Abend in deiner Rolle als Ehefrau deinen Partner dazu aufforderst, eine Atemübung mit dir durchzuführen, sobald er zu dir ins Bett kommt, könnte sich das als weniger passend erweisen, da in diesem Umfeld andere Werte und Regeln gelten.

Noch eine Frage rund um dein Ich: Bist du deine Emotionen? Nein, die bist du selbstverständlich ebenfalls nicht! Aber dein innerer Tyrann versucht dir das zeitlebens einzureden. Wichtig zu erkennen ist deshalb:

Aller Schmerz entsteht in deinen Gedanken.

Erst durch deine gedanklichen Bewertungen einer Situation erfährst du schmerzvolle Empfindungen. Und du hast entweder deinen Fokus auf Ablehnung (Angst) oder auf Annahme (Liebe) eingestellt. Was dir in Bezug auf deine geistigen Schmerzen deshalb wahrscheinlich schon bewusst ist, gilt gleichermaßen für körperlichen Schmerz: Auch ein solcher entsteht im Kopf und ist damit ein gefundenes Fressen für deinen inneren Tyrannen.

Ein Beispiel dafür, wie sehr wir Schmerzen durch unsere Bewertung beeinflussen können: Viele Menschen lassen sich tätowieren, um ihre Haut zu schmücken. Der Weg zum eigenen Tattoo ist relativ schmerzlich – und trotzdem halten den Vorgang des Tätowiertwerdens sogar Menschen aus, die von sich sagen, sie wären besonders schmerzempfindlich. Woran liegt das, wie kann das dennoch funktionieren? Es ist ganz einfach: Je mehr Widerstand du leistest, desto heftiger wird der Schmerz. Nachdem du weißt, es wird dir gleich die Haut verziert werden (und eindeutig ist, dass du das freiwillig machst), wirst du dich weniger gegen den Schmerz der Tätowiernadel wehren, als wenn man dich mit einem Sack über dem Kopf entführt und dir ankündigt hätte, es würden dir jetzt Ritzverletzungen an der Haut zugefügt werden. Falls du über mehrere Stunden tätowiert werden solltest, könntest du ohnehin nicht anhaltend in den Widerstand gehen, also gibst du dich dem Schmerz vollkommen hin – du bewertest ihn als etwas, das in Ordnung ist.

Das Spannende: In solchen Situationen wird der innere Tyrann im Kopf still und die Betreffenden trennen sich von ihrem Ego.

Im Schmerz und in der Liebe löst sich unser Ego auf.

Aus diesem Grund kann etwa ein Fakir auf einem Nagelbett sitzen. Und Mütter werden bestätigen, dass es sich bei der Entbindung eines Kindes ähnlich verhält: Da wird es Frauen möglich, schier übermenschlich leidensfähig zu sein, weil sie diese Schmerzen bereits im Vorfeld positiv bewertet haben. Es ist hinlänglich bekannt, dass Frauen aus Naturvölkern, die einen grundlegend anderen Zugang zum Geburtsvorgang haben, die mit ihm verbundenen Schmerzen als weniger schlimm empfinden als Frauen aus den sogenannten Zivilisationsländern. Doch auch hierzulande helfen Leiterinnen von Geburtsvorbereitungskursen ihren Schützlingen dabei, zu lernen, wie sie gewissermaßen in den Schmerz atmen und sich ihm hinzugeben können, damit er aushaltbar wird. Und genau das wäre der gesündeste Weg. In unserer Kultur ist er allerdings nicht immer der naheliegendste: Sobald es jemandem schlecht geht, versuchen andere ihn meistens sofort von seinem negativen Gefühl wegzubringen, sein körperliches Leid zu lindern, ihn vom Liebeskummer abzulenken. Wer etwa gerade verlassen wurde, hört Aufmunterndes wie *»Mach dir nichts daraus: Andere Mütter haben auch schöne Söhne!«*, *»Wenn sich eine Tür schließt, geht anderswo eine neue auf!«* oder *»Sie hatte dich ohnehin nicht verdient!«* Selbstverständlich kann positive Ablenkung – oder im körperlichen Fall ein Schmerzmittel – hilfreich sein, weil sie einen auf andere Gedanken bringt, für Entspannung sorgt oder ein angenehmes Erlebnis dazu führt, dass sich der Betroffene relativ unkompliziert schnell besser fühlt. Genauso wichtig ist es allerdings, den Schmerz und die Trauer durchleben zu können, wodurch diese starken Empfindungen erst angenommen werden, was wiederum die Voraussetzung dafür ist, dass sie später komplett losgelassen werden können. Denn Kummer, der nicht verarbeitet, sondern unterdrückt und weggeschoben wird, kann nicht heilen. Er verkörpert sich irgendwann zu einem Magengeschwür, Rückenbeschwerden oder sonstigen physischen Problemen.

Du siehst schon: Im Umgang mit Schmerzen können wir viel darüber lernen, wie wir mit unseren Gedanken spielen sollten. Bei diesem Thema wird schnell deutlich, dass dein Gehirn in vielen Bereichen dein größter Feind ist, solange du nicht richtig mit ihm umzugehen weißt.

Zurück zu deinem Ich: Du sollst und kannst dein Ego nicht völlig auflösen! Du brauchst es, um auf dieser Erde zu bestehen, um als Mensch durch die Welt zu gelangen. Du kannst hingegen Schicht für Schicht abtragen, dir alles ansehen und dann deinen eigenen Werten und Vorstellungen entsprechend bewusst weiterleben, anstatt weiterhin das auszuführen, wozu dich dein innerer Tyrann verleitet. Das erfordert allerdings, dass du dich deinen Ängsten stellst – und das geht nur, indem du deinen Schmerzen begegnest. Nachdem wir in einer Kultur leben, in der genau das mit Vorliebe vermieden wird, ist es wahrlich eine Herausforderung, sich auf diesen Weg zu begeben. Denn wie wir vorhin besprochen haben, sind wir es gewohnt, Tabletten zu schlucken, sobald wir körperlichen Schmerz empfinden, und Beruhigungsmittel oder andere Psychopharmaka einzunehmen, wenn es uns psychisch nicht gut geht.

Der Weg durch die Angst führt aber zwingend durch diese Angst hindurch.

Es gibt keinen anderen Weg – keinen unten durch, keinen oben drüber, keinen links oder rechts daran vorbei –, sondern ausschließlich den durch das, was dir Angst macht.

Falls du Angst davor haben solltest, vor vielen Menschen zu reden – eine weitverbreitete Angst –, musst du genau das tun: vor vielen Menschen reden. Die wahre Angst heißt hier freilich nicht »Angst vor dem öffentlichen Reden«, sondern »Angst vor Ablehnung«. Zu Hause am Schreibtisch zu sitzen, dir YouTube-Videos darüber anzusehen, Rhetorikbücher zu lesen und Präsentationsunterricht zu nehmen, wird dir helfen, dich gut vorzubereiten. Es wird dich technisch trainieren, was eine Voraussetzung für gutes Gelingen ist – aber dein Lampenfieber, deine Panik vor einem öffentlichen Auftritt wird davon nicht vergehen. Diese Angst wirst du nur in den Griff bekommen, sofern du dich ihr stellst und vor anderen redest. Das ist die einzige Möglichkeit, deine Angst zu überwinden – und zu erfahren, dass du es überlebt haben wirst, vor vielen Menschen geredet zu haben.

Das gilt für alle Lebensbereiche gleichermaßen: Angenommen, eine Frau hat das Gefühl, es nicht wert zu sein, pur und natürlich geliebt zu werden, weil sie sich ungeschminkt nicht schön fühlt – dann muss sie immer wieder ohne Make-up aus dem Haus gehen, um diese Form der Angst vor Ablehnung Schicht für Schicht loszuwerden. Sobald das gelungen ist, darf sie sich wieder schminken, aber bis dahin muss sie durch die Angst hindurchgehen.

Solltest du Angst haben, jemanden anzusprechen, der dir gefällt – die dahinterliegende Angst heißt in all den bisher genannten Fällen »Angst vor Ablehnung«, wie dir vielleicht aufgefallen ist –, musst du beginnen, Personen, die dir gefallen, anzusprechen.

Die zwei Hauptleiden der Menschen sind die Gefühle, nicht gut genug zu sein und nicht geliebt zu werden. Beide greift der innere Tyrann regelmäßig auf, wenn er dir einflüstert: *»Du brauchst dich gar nicht für diese Stelle zu bewerben, denn sicher gibt es viele, die wesentlich mehr zu bieten haben als du!«* oder *»Du bist nicht spannend genug, um deinen neuen Partner zu halten!«* Die Folge könnte sein, dass du dich mit weniger passenden Partnerinnen oder Partnern und Jobs zufriedengibst, weil du diesen Aussagen Glauben schenkst. Tapp nicht in die Falle, dich selbst zurückzuweisen, nur um nicht von anderen zurückgewiesen zu werden! Das wäre genauso absurd, wie dich umzubringen, damit es kein anderer tun kann.

Wer Angst vor Ablehnung spürt, muss lernen, mit Ablehnung umzugehen.

Neben der verkleideten Angst vor Ablehnung gibt es noch weitere Ängste. So hart das klingen mag: Für alle gilt, dass du dich ihnen stellen musst, um sie loszuwerden. Wenn du Angst hast, in ein Flugzeug zu steigen, weil dir die Statistik nicht dabei hilft, dich *nicht* vor einem Absturz zu fürchten, musst du regelmäßig in ein Flugzeug steigen. Solltest du Angst haben, mit einem Boot im Sturm zu segeln, musst du im Sturm auf den See oder aufs Meer hinausfahren und segeln. Freilich gibt es auch Ängste, die leichter zu umschiffen sind, weil wir deren Aufkommen umgehen können, indem wir die jeweilige sie auslösende Situation vermeiden: Höhenangst ist etwa recht gut verdrängbar, weil jeder selbst entscheiden kann, ob er auf einen hohen Turm hinaufsteigt, von Klippen springen möchte oder es bei einer Wanderung bis zum Gipfelkreuz schaffen will. Schwierig wird es überall dort, wo etwas nicht umgangen werden kann oder du dich von deiner Angst in deiner Lebensqualität eingeschränkt fühlst.

Weil du es wahrscheinlich gewohnt sein wirst, Schmerz und Ablehnung zu vermeiden, wird es nicht immer einfach werden, dich zu emanzipieren, was deine Gedanken, Handlungen und Entscheidungen betrifft. Aber: Es ist trotz all deiner bisherigen Erfahrungen machbar! Du hast es zweifellos in der Hand, dich der negativen Beeinflussung deines inneren Tyrannen zu entledigen. Mach dir allerdings klar: Wenn du gegen ihn in die Schlacht ziehst, ihn aus ganzem Herzen ablehnst, dich dafür verachtest, dass du ihm so lang Macht gegeben hast, dich dafür bestrafst, weil du ihn in dir hast wüten lassen, dann ist das der falsche Weg, denn genau das würde ihn nur noch größer machen. Nimm deshalb lieber an, dass er im Hier und Jetzt Stress verursacht, damit du aus dieser Akzeptanz heraus fähig wirst, ihn loszuwerden. Das ist überaus wichtig, da es um nichts Geringeres als deine Lebensqualität geht!

Woran du erkennst, wie mächtig dein innerer Tyrann ist

Es sind die Beziehungen zu anderen Menschen, innerhalb derer klar wird, wie mächtig dein innerer Tyrann ist, wie vehement er dafür sorgt, dass du dir und deinem Glück selbst im Weg stehst. Damit meinen wir nicht nur Liebesbeziehungen, sondern ebenso Freundschaften und das Verhältnis zu Familienmitgliedern, angeheirateten Verwandten und Personen aus deinem beruflichen Umfeld. Ganz egal, um welche Art von Verbindung es sich handelt: In jedem Moment, in dem du in Beziehungen zu anderen trittst, tust du das, sofern dein innerer Tyrann das Sagen hat, immer aus deinem Ego heraus. Solange dir dein innerer Tyrann ein limitierendes Bild von dir vermittelt, indem er etwa den gängigen Glaubenssatz »Ich bin nicht gut genug« als Überschrift für all seine Monologe wählt, wird es schwierig für dich werden, weil du aufgrund dessen deinen Fokus auf der Angst haben wirst und nicht auf der Liebe. Deshalb wirst du auch aus Angst und nicht aus Liebe heraus handeln, dementsprechende Reaktionen deiner angsterfüllten Handlungen erleben und schließlich ein Feedback erhalten, das den inneren Tyrannen in seiner Haltung bestätigt und dein Ego in seiner aktuellen Erscheinung noch festigt. Und das ist der Grund,

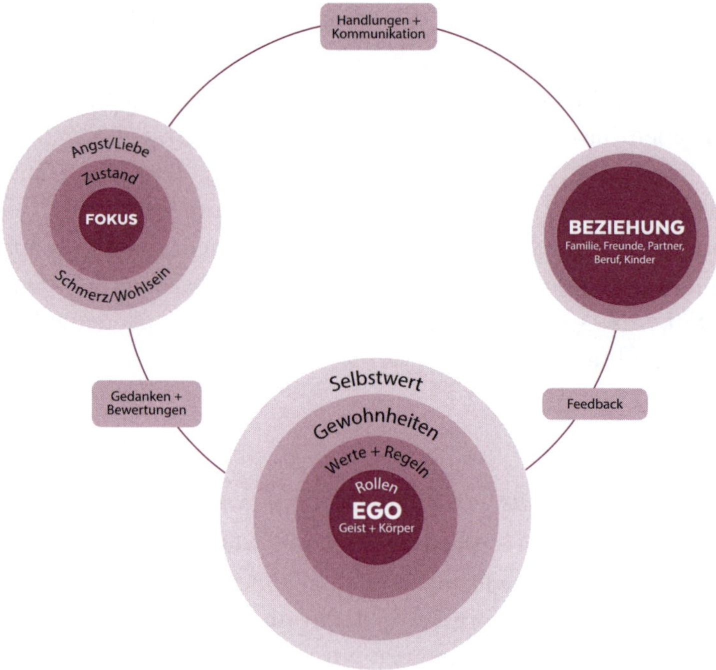

warum du immer wieder den Eindruck gewinnst, dir selbst im Weg zu stehen.

Machen wir diesen Kreislauf durch ein aus dem Leben gegriffenes Beispiel anschaulicher: Nehmen wir an, ein Mann hätte in seiner Kindheit durch seine Erfahrungen gelernt, er wäre nicht gut genug, weil seine Mutter regelmäßig schlecht von seinem Vater gesprochen und ihrem Sohn damit vermittelt hat, man könne Männern nicht trauen: *»Werd bloß nicht wie dein Vater! Aber gut, wie solltest du anders werden? Im Grunde sind ja alle Männer gleich und man darf ihnen einfach kein Vertrauen schenken!«* Mit diesem »Ich bin nicht gut genug« als Lebensüberzeugung liegt der Fokus natürlich nicht auf der Liebe, sondern auf der Angst. Möchte nun dieser Mann mit dieser Haltung und dem Fokus auf Angst in Beziehung zu einer Frau treten – was wird passieren? Die Dinge werden sich so entwickeln, dass dieser Mann seinen Glaubenssatz eines Tages als bestätigt erleben wird. Womöglich kann er am Beginn seiner Partnerschaft noch verbergen, was sein innerer Tyrann ihm einredet, aber irgendwann wird er auffliegen, irgendwann wird die Frau bemerken, dass er ein Defizit hat, weil er zu klammern beginnt, von Eifersucht motivierte Fragen stellt oder sie in allem kontrolliert, was sie ohne ihn unternimmt. Das wird sie nerven oder gar abstoßen und in Folge wird sie einen derart unsicheren Mann nicht länger attraktiv finden und sich mehr oder weniger schnell von ihm entfernen; sie wird jedenfalls nicht mehr so begeistert und verliebt wie am Anfang sein und sich nicht auf eine dauerhafte Partnerschaft mit ihm einlassen. Und das wird seine Ego-Rolle als Partner verstärken und nachhaltig manifestieren, denn wenn die Frau ihn verlässt, kann das aus seiner Sicht nur daran liegen, dass er nicht gut genug war. Ja, es könnte unter Umständen sein, dass die betreffende Frau gar nicht weiß, dass dieser Mann aus seiner Sicht nicht gut genug für sie ist! Trotzdem wird sie eines Tages seiner Meinung sein – weil er unbewusst alles dafür tun wird, um seine These von sich selbst bestätigen zu können, indem er durch sein eifersüchtiges Gehabe sichtbar macht, wie unterlegen er sich ihr fühlt. Der innere Tyrann, der ihm ständig zuflüstert, er sei nicht gut genug, wird dann gewonnen haben.

Noch ein anderes typisches Beispiel dazu: Eine Frau hat *»Das Leben ist ein Kampf!«* gelernt. Sie musste sich als Nachzüglerin schon gegen ihre Geschwister zur Wehr setzen, beim Familienessen darum kämpfen, ein Stück vom Kuchen abzubekommen, und um die Aufmerksamkeit ihrer Mutter buhlen, weil die sich lieber mit ihrem Sohnemann beschäftigt hat. Auch sie hat ihren Fokus auf Angst und wird sich ihr Leben lang immer wieder mit Begebenheiten konfrontiert sehen, in denen sie sich plagen wird müssen. Wenn diese

Frau in Beziehung zu jemandem tritt, wird sie zu kämpfen beginnen, sobald es einen Konflikt gibt. Das kann für ihren Partner kaum nachvollziehbar sein, wenn sie aus seiner Sicht praktisch aus dem Nichts plötzlich *»Immer musst du den Film aussuchen!«* faucht. Aus ihrer Perspektive ist es freilich angebracht – schließlich ist es das, was sie gelernt hat, was ihre Zellen abgespeichert haben, was ihr innerer Tyrann ihr ohne Pause eintrichtert. Und ist sie dann in ihrer Partnerschaft ständig am Kämpfen, gibt ihr das wiederum die Bestätigung, dass ihr innerer Tyrann mit seiner Annahme »Das Leben ist ein Kampf« recht hat.

Fassen wir ihren Kreislauf in seinen Kernpunkten zusammen:

- Der innere Tyrann sagt: »Das Leben ist ein Kampf!«
- Der Fokus des Egos liegt deshalb auf der Angst.
- Die Handlungen der betreffenden Person entstehen aus dieser Angst.
- In Beziehungen spiegeln sich die Reaktionen der angsterfüllten Handlungen.
- Das Feedback bestätigt den inneren Tyrannen in seinem Glaubenssatz »Das Leben ist ein Kampf!«

Sowohl der weiter oben beschriebene Mann als auch diese Frau stehen ihrem Partnerschaftsglück selbst im Weg, obwohl sie jedes Potenzial hätten, sich über eine glückliche Liebesbeziehung zu freuen. Wäre ihnen bewusst, warum sie wie reagieren und aus welchem Grund sie ihre Emotionen haben, die sie so handeln lassen, könnten sie diesen Kreislauf durchbrechen und eine dauerhaft erfüllende Beziehung führen. Bevor sie ihren inneren Tyrannen entdecken und nicht mehr auf ihn hören, werden sie unter Umständen jede Paarbeziehung in den Graben fahren, indem sie unbewusst dafür sorgen, dass der andere seine Beine in die Hand nimmt und flüchtet, weil er nicht Teil dieses negativen Musters sein möchte. Um das zu stoppen, ist es notwendig, die Machenschaften des inneren Tyrannen zu durchschauen. Es geht um die Bewusstwerdung dessen, dass er es ist, der ihre Emotionen produziert – und wie er das macht.

So sorgt der innere Tyrann für Probleme

Jeder hat eine Reihe an kleineren bis größeren Problemen, unter denen er leidet: typische Patchworkkonflikte im Familienleben; Schwierigkeiten mit den eigenen Eltern oder Kindern; Eifersuchts- oder Vernachlässigungsgefühle, sexuelle Unzufriedenheit oder Verlustängste innerhalb der Partnerschaft; das nicht freiwillig gewählte Singledasein; eine durch und durch problematische Liebesbeziehung oder die ungewollte Trennung; Mobbingsituationen am Arbeitsplatz; finanzielle Nöte; eine einschränkende oder gar lebensbedrohliche Krankheit; Unstimmigkeiten, Dauerstress und Überforderung im Alltag. Die meisten möchten diesen Sorgen auf der Ebene ihrer Handlungen begegnen, etwas Neues lernen, wodurch sie sich eine positive Veränderung dieser Lebensbereiche erhoffen, um sich ihrer Probleme irgendwann entledigen zu können und ein glücklicheres, erfolgreicheres und vielleicht sogar unbeschwerteres Leben zu führen.

Die schlechte Nachricht: Das funktioniert so leider nicht! Durch Verhaltensveränderung allein kratzen wir nur an der Oberfläche – jedenfalls können damit kaum dauerhafte Verbesserungen erzielt werden. Das wäre das Gleiche, als würden wir der Frau von vorhin mit dem inneren Tyrannen in ihrem Kopf, der ihr zeitlebens eingeflüstert hat: *»Das Leben ist ein Kampf!«*, einfach sagen: *»Alles ist gut, hab Vertrauen, geh raus, mach dir einen harmonischen Tag und sei nett zu den anderen!«* Das kann nur misslingen, denn weil sie tief in ihrem Unbewussten verinnerlicht hat, dass das Leben ein nie enden wollender Kampf ist, wird sie es gerade mal bis zur nächsten Supermarktkasse schaffen,

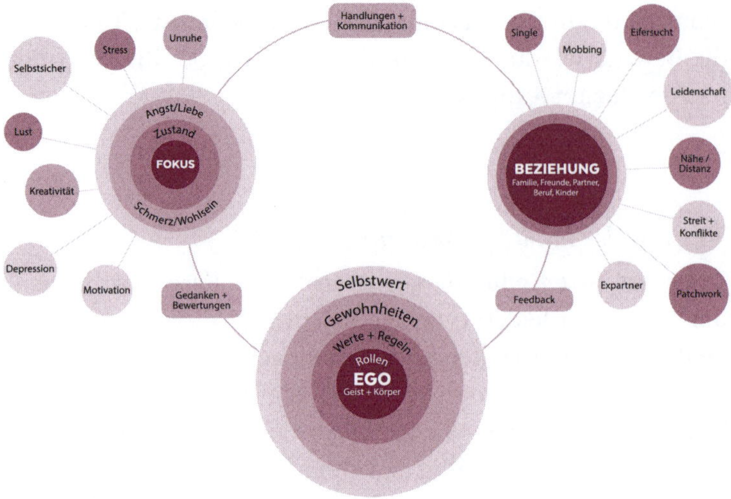

in deren Schlange sich jemand vordrängt, oder bis zu dem frechen BMW-Fahrer, der sie in ihrem Kleinwagen im Reißverschlusssystem nicht einreihen lässt – und sofort wird sie wieder kampfbereit sein, sobald ihr innerer Tyrann ihr zuruft: *»Fäuste hoch und auf in den Kampf!«*

Um wahrhaftig etwas zu verändern, ist es notwendig, das auf der Ebene des Egos und innerhalb der individuell eingeübten Rollen zu tun.

Es muss an der Basis gearbeitet werden und nicht am aktuell schmerzhaftesten Problem!

Nur wer am Fundament rüttelt, wird den inneren Tyrannen dazu bringen, sich über kurz oder lang zu trollen. Wenn es auch mühsam erscheint: Genau das ist der Schlüssel! Es muss sich auf der Makroebene etwas verändern, damit sich das dann auf die Mikroebene übertragen lässt. Andernfalls ist es so gut wie unmöglich, diesen Kreislauf nachhaltig zu durchbrechen, durch den du dir immer wieder selbst ein Bein stellst. Auf das Verhältnis zwischen Mikro- und Makroebene werden wir an späterer Stelle noch intensiver eingehen. Zunächst möchten wir die allgemeingültige Meinung über Schwierigkeiten und Belastungen hinterfragen: In den Köpfen vieler Menschen herrscht die Überzeugung, ein als groß empfundenes Problem könne nur durch eine ebenso »große Lösung« beseitigt werden. Wer davon ausgeht, der dürfte sich das wie beim Wegschaufeln eines Sandhaufens vorstellen, bei dem es eben unausweichlich ist, länger zu schaufeln, je höher er getürmt ist. Doch glücklicherweise gestaltet sich das im echten Leben anders.

Noch blockierender ist die Annahme, wir sollten überhaupt keine Probleme haben. Diese falsche Einschätzung kann schnell zum Ziel heranwachsen: *»An jenem Tag, an dem ich keine Probleme mehr habe, werde ich endlich glücklich sein!«* Zu leben bedeutet aber unter anderem, Problemen zu begegnen und sie entweder zu bewältigen oder an ihnen zu scheitern. Diese Entscheidung haben wir selbst in der Hand, doch wer seinem inneren Tyrannen ausgeliefert ist, kann sie nicht treffen – *er* ist es, der sie für ihn trifft. Dieser innere Tyrann, der nichts anders ist als unser maskiertes Ego, das uns permanent blendet und eine verzerrte Wahrheit präsentiert, stresst uns mit Ideen wie *»Ich sollte doch weit mehr sein/erreicht haben/besitzen, als das, was ich bin/erreicht habe/besitze«*, die sich über die Jahre in unserem Kopf breitmachen. Das führt zu einem immensen innerlichen Druck, hält uns davon ab, im Hier und Jetzt zu sein (aber nur da findet unser Leben statt) und frustriert uns immer dann, wenn wir uns mit anderen vergleichen, die (angeblich) mehr sind/erreicht haben/besitzen. Dabei kennen die meisten von uns längst die Formel für echtes Glück: die Dinge annehmen, wie sie sind, sich zufrieden fühlen mit dem, was man ist/erreicht hat/besitzt, im Moment leben, sich in Achtsamkeit üben und dankbar sein für das, was man ist/erreicht hat/besitzt. Das klingt so logisch und einfach, ist aber unheimlich schwer in der Umsetzung? In diesem Fall können wir dir vielleicht dabei behilflich sein: Indem wir dir hier deinen inneren Tyrannen vorstellen, dir zeigen, wie er entstanden ist, welche Absicht er verfolgt und wie du ihn zum Schweigen bringst bzw. zu deinem Verbündeten machst, bilden wir die Basis, von der ausgehend es möglich sein wird, dein Leben selbstbestimmter zu gestalten und dir nicht länger im Weg zu stehen, was das Erreichen deiner Ziele und das Umsetzen deiner Träume betrifft.

Jeder Mensch möchte geliebt werden

»Ich weiß nicht, warum und wie mir das regelmäßig passiert, aber wenn ich mit meiner Schwiegermutter unterwegs bin, lasse ich mich immer wieder von ihr beeinflussen und kaufe irgendeinen Kram, der mir nicht einmal gefällt. Sie hat jedes Mal ein gutes Argument und ich lass mich dann von ihr beschwatzen. Beim vorigen Mal war es ein Geschirr, von dem sie meinte, das wird meinen Mann – also ihren Sohn – bestimmt beeindrucken, weil man die Einzelteile so praktisch ineinander stapeln kann. Weil ich es nicht schaffe, ihr zu widersprechen, und ich sie natürlich nicht kränken möchte, hab ich es glatt gekauft. Und jetzt haben wir noch einen Satz Geschirr zu Hause, obwohl wir längst genug davon haben. Meinen Mann hat das nebenbei erwähnt wenig interessiert …« Kennst du solche oder ähnliche Situationen, in denen jemand für dich entscheidet, was du tun sollst, dir

etwas einredet oder dich mit einer Sache überrumpelt – und es dir nicht gelingt, dich dagegen zur Wehr zu setzen?

Woran liegt das? Jeder Mensch wünscht sich insgeheim nichts sehnlicher, als geliebt zu werden. Genau das kann zur Falle, zum Stolperstein werden, solang wir uns dessen nicht bewusst sind und aber aus dieser Motivation handeln. Was wir eben angesprochen haben, wollen wir zum besseren Verständnis noch vertiefen: Wir leben in einer Welt, in der wir ständig einem Vergleich mit anderen Menschen ausgeliefert sind und mit aus diesem Grund oft seltsame Entscheidungen treffen. Manche kaufen sich etwa Dinge, die sie nicht brauchen, um anderen zu gefallen. Andere erstehen sogar Konsumgüter und Statussymbole, um Leute zu beeindrucken, die sie nicht einmal mögen, weil ihr innerer Tyrann meint: *»Wer etwas auf sich hält und viel gelten möchte, fährt einen Wagen aus einer höheren Klasse!«*

Dieses Phänomen dürfte eine Erfindung des Westens sein, denn nirgendwo sonst scheint dieses ständige Sich-mit-anderen-Vergleichen dermaßen ausgeprägt. Grundsätzlich ist das Ego zwar rund um den Globus ein Thema und mit ihm haben die Menschen überall auf der Welt einen inneren Tyrannen, allerdings ist ein Unterschied darin beobachtbar, wo der Hebel angesetzt wird. Auf unseren Asienreisen (Pamela war in Indien, mehrere Monate in Thailand, auf Bali und in China; Dominik war in Indien) etwa haben wir immer wieder festgestellt, dass dort der Fokus weitgehend auf den inneren Wohlstand ausgerichtet ist und nicht auf den äußeren. Was ist damit gemeint? Inneren Wohlstand empfinden wir, wenn wir uns körperlich, geistig, seelisch, psychisch, spirituell und energetisch gut fühlen: Wenn alles im Einklang miteinander ist, können wir manifestieren, was wir uns wünschen – und das hilft, den inneren Tyrannen hinter sich zu lassen. *»Es mangelt mir an nichts, ich hab genug Energie!«*, ist die Haltung, die innerer Wohlstand verkörpert. Dadurch werden Menschen zum Schöpfer und aktiven Gestalter ihres

Lebens, statt ein unbewusstes Geschöpf zu sein (ein *Creator* im Gegensatz zu einer *Creature*) und vergleichen sich auch nicht (mehr) wie automatisiert ständig mit anderen, um sich dann im Defizit zu fühlen, weil diese mehr erreicht haben, können oder besitzen. Nachdem Nachbars Rasen stets grüner als der eigene scheint, kann das nur zu Unzufriedenheit führen. Bei uns klagen die meisten über die Umstände ihres Lebens und wollen das Außen verändern: »*Wenn ich eine andere Kindheit gehabt hätte, dann wäre es mir möglich gewesen, eine erfüllende Partnerschaft zu führen, aber so werde ich wohl nie glücklich werden …*«, »*Hätte ich ein Talent, dann könnte ich mehr aus meinem Leben machen und müsste mich nicht mit einem langweiligen Job zufriedengeben!*«, »*Ich hätte gern mehr Geld – dann könnte ich mir ein besseres Leben leisten!*«, »*Wenn mein Mann nicht so ein Couch-Potato wäre, würde ich mehr Sport machen und mich insgesamt viel wohler in meiner Haut fühlen*« oder »*Leider hab ich keine Zeit, um mich gesund zu ernähren und besser auf meinen Körper zu achten*« ist dann die Einstellung, für die der innere Tyrann über Jahre und Jahrzehnte gesorgt hat. Natürlich geben sie damit komplett die Eigenverantwortung ab und suhlen sich in der ohnmächtigen Opferrolle. Dabei übersehen Menschen mit diesem Mindset, wie gerade ihre innere Einstellung verhindert, dass sie äußeren Wohlstand anziehen, denn der resultiert eben aus dem Gefühl des inneren Wohlstands. Der permanente Vergleich wird seit einigen Jahren zusätzlich von Social-Media-Plattformen bedient. Wir entwickeln uns auf dem Hintergrund dessen als Gesellschaft leider nicht davon weg, sondern dieses Vergleichen verstärkt sich zunehmend. In fernöstlichen Kulturen haben wir im Gegensatz dazu mehrheitlich Frauen und Männer kennengelernt, die die Lösung ihrer Umstände zunächst im inneren Wohlstand begründet sahen. Natürlich ist Social Media auch längst in Asien angekommen, weshalb sich die Menschen dort vermutlich davor in Acht nehmen müssen, sich diesen destruktiven Vergleichsakt nicht von uns abzuschauen.

Werfen wir mal einen analytischen Blick auf das, was auf einer Plattform wie Facebook oder Instagram passiert: Wir erschaffen einen Avatar von uns, den wir ausnehmend schön schmücken – in der Hoffnung, möglichst viele Likes zu bekommen. In manchen Fällen gestaltet sich das Ganze sogar pervertiert: wenn etwa jemand einen Beitrag mit »Gefällt mir« von einer Person markiert, die er gar nicht mag, sich aber von dieser Aktion verspricht, im Gegenzug ebenfalls ein »Gefällt mir« vom Betreffenden zu erhalten. Dabei gelten diese Likes in Wahrheit nicht dem dahinterstehenden Menschen, sondern nur dem präsentierten Avatar. Dazu ein kleines Gedankenexperiment: Falls du nun also darüber massig Aufmerksamkeit und Zuspruch in Form von Likes bekommen solltest und deine virtuellen »Freunde« oder »Fans« dir sogar glauben, dass du immer super drauf bist und dir alles problemlos gelingt – du kurz gesagt für all das, was du dort zeigst, gemocht oder bewundert wirst –, kann daraus ein ernsthafter Zwiespalt entstehen. Aus dieser Kluft wird ein innerer Konflikt, durch den du dich selbst noch weniger annehmen und lieben kannst, als es vielleicht bisher der Fall war, weil die Aufmerksamkeit in Wahrheit nur ein Schauspieler erhalten hat und nicht du. Hast du dir das schon einmal so überlegt?

Für den Fall, dass du dich das jetzt fragen solltest: Ja, du kannst trotzdem beim Trend »Social Media« mitmachen und deine Freude daran haben – aber erst, nachdem du dich mit deinem Ego auseinandergesetzt und deinen inneren Tyrannen zum Schweigen gebracht hast. Denn dann wird es an dir abprallen, wenn du wenige Likes bekommst, weil es dir nicht länger um Anerkennung gehen wird und du keine Angst mehr vor Ablehnung haben wirst, sondern Social Media als das betrachten wirst können, was es ist: das Spiel »Mein Haus, mein Auto, mein Boot« für Erwachsene, in dem die Teilnehmer manchmal durchaus mitfühlend und einander unterstützend agieren und das Positive am Miteinander die Oberhand gewinnen kann – sofern du einen bewussten Umgang mit diesen Portalen pflegst.

In diesem Kapitel hast du nun von der Existenz deines inneren Tyrannen erfahren, ihn schon ein bisschen kennengelernt, einen Eindruck von deinem Ego gewonnen und durchschaut, wie du dir oftmals selbst im Weg stehst. Im nächsten Kapitel werden wir weiter in die Tiefe gehen und dir anhand des Stammbaums deines Ich-Seins schildern, wie es zur Erschaffung deines inneren Tyrannen gekommen ist.

Der Stammbaum deines Ich-Seins

Wir haben es vorhin bereits erwähnt: Dein Leben findet einerseits auf einer Mikro- und andererseits auf einer Makroebene statt. Auf der Mikroebene liegen deine Alltagsprobleme: Streit in der Partnerschaft, unglückliche Liebesbeziehungen oder ungewolltes Singledasein; Konflikte mit deinen Kollegen oder dass du dich gegen deinen Chef nicht durchsetzen kannst, weil es dir an Selbstbewusstsein mangelt, weshalb du die Kündigung nicht wagst – und alle anderen Begebenheiten, die du als Problem empfindest. Die Makroebene beheimatet die Gründe für diese Unzulänglichkeiten und bildet damit die Basis für alle Bereiche in deinem Leben, mit denen du nicht völlig zufrieden oder sogar restlos unglücklich bist. Sie gibt Aufschluss darüber, wie deine heutigen Probleme entstanden sind, warum du dich in welchen Situationen wie verhältst – oder anders gesagt: was dir dein innerer Tyrann einredet, das dich dazu bringt, genau so zu (re)agieren, wie es dir schadet.

Um den Zusammenhang aus all diesen Prozessen begreifen und damit auch verstehen zu können, woher dein innerer Tyrann seine Annahmen hat, stellen wir dir auf der nächsten Seite den Stammbaum deines Ich-Seins vor, mit dem wir uns in diesem Kapitel eingehend beschäftigen werden.

Wie dein innerer Tyrann entstanden ist

Wir werden jetzt die bedeutendsten Schritte auf dem Weg zu deiner heutigen Identität durchgehen, um dir den Stammbaum deines Ich-Seins bestmöglich zu erläutern und dir zu veranschaulichen, was die identitätsstiftenden Ereignisse deines Lebens waren. Dich auf den Weg zu machen, die Stimme in deinem Kopf abzudrehen, um Herrin oder Herr über deine eigenen Gedanken und Entscheidungen zu werden, hat nämlich wenig Sinn und wird kaum erfolgsgekrönt sein, wenn du die Hintergründe dafür nicht kennst. Deshalb fangen wir an jenem Punkt an, als in deinem Leben alles begonnen hat.

Zunächst sehen wir uns den Stamm – und damit *das Leben* an sich – an, indem wir mal von der spirituellen Sternenstaubannahme ausgehen: Bevor du durch deine Eltern in deine menschliche Lebensform gekommen bist, hat es dich da draußen in chaotischen Einzelteilen bereits gegeben. Durch *deine Eltern* bist du dann entstanden, sie bildeten die Passage in dein Leben und waren zeitgleich die Lieferanten deiner Genetik. Von ihnen hast du ein Starterpaket bekommen: Wie groß du werden würdest, wie deine Lippen geformt sein und deine Augen aussehen würden – all das war in diesem Paket enthalten. Diesbezüglich sind Wissenschaftler früher davon ausgegangen, dass die menschliche Genetik recht eng gesteckt ist, doch inzwischen haben diverse Studien dazu offenbart, dass sie wesentlich offener und sogar überaus lebendig ist:

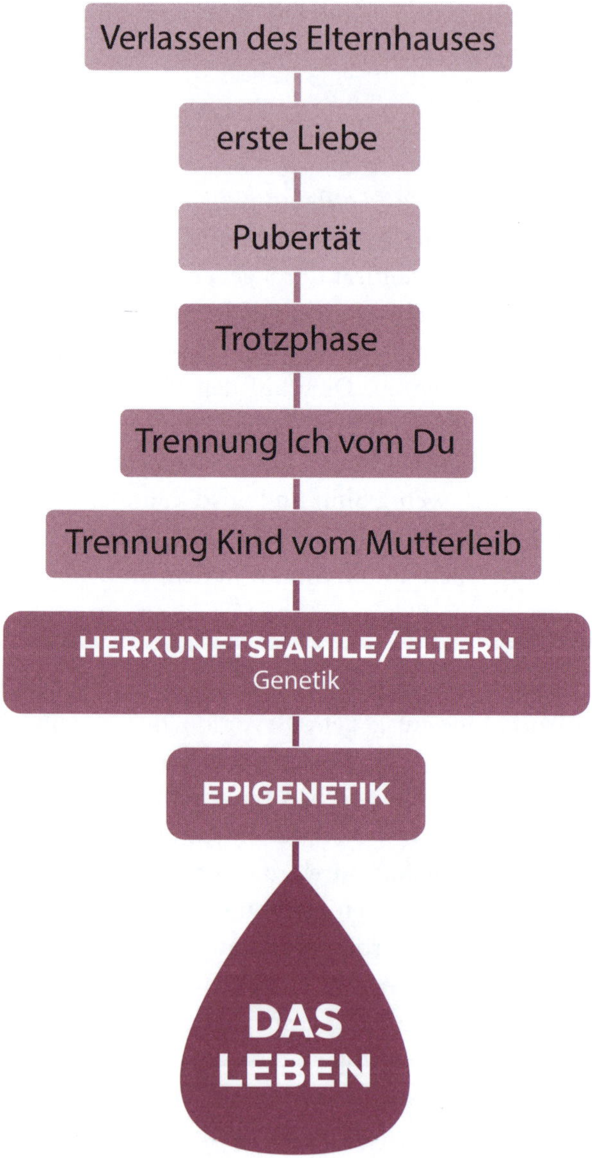
Verlassen des Elternhauses
erste Liebe
Pubertät
Trotzphase
Trennung Ich vom Du
Trennung Kind vom Mutterleib
HERKUNFTSFAMILE/ELTERN
Genetik
EPIGENETIK
DAS LEBEN

Deine Genetik verändert sich über die Lebensjahre mit deiner Art zu denken.

Jeder Gedanke, den du hast, erschafft eine bestimmte Neurologie, die wiederum Hormone erzeugt, welche in die Zelle wirken – und das beeinflusst dein Erbgut und damit das, was du weitergeben wirst.

Genauso prägend wie die Genetik ist die dir ebenfalls von Mama und Papa zur Verfügung gestellte *Epigenetik*. Mit anderen Worten: Die Lebensweise deiner Eltern vor deiner Zeugung war bereits entwicklungsentscheidend für dich. Was hat es mit der Epigenetik auf sich? Einfach ausgedrückt: Die meisten Menschen glauben, dass ihre Erinnerungen alle im Kopf abgespeichert sind. Das ist aber längst nicht alles, denn jede Faser, jede Zelle deines Körpers hat noch mehr Eindrücke gesammelt als dein Gehirn. Du selbst kanntest deinen Ururgroßvater womöglich gar nicht – somit kann dein Gehirn keine Erinnerung an ihn gespeichert haben. Trotzdem hast du vielleicht seine Nasenform geerbt oder diesen speziellen Gesichtsausdruck, den du machst, wenn du dich ärgerst. Anders gesagt: Deine Eltern haben dir neben der Genetik die gesamte Erinnerung an die Menschheitsgeschichte mitgeliefert. Alles, was vor ihnen war, was ihre Vorfahren geprägt hat, wurde so an dich weitergegeben. Die Wissenschaft hat das Phänomen der Epigenetik inzwischen im Zuge diverser Untersuchungen anschaulich erklärt. Dazu gab es etwa eine Studie von Brian Dias und Kerry Ressler von der Emory University School of Medicine in Atlanta mit dem erstaunlichen Ergebnis, dass Mäusekinder sozusagen die Erlebnisse ihrer Großeltern erben. Konkret ging es um den fruchtigen Geruch von Acetophenon, den sie als gefährlich erlebten, obwohl sie selbst keine Erfahrungen damit gemacht hatten. Dennoch brachten die Forscher ihre Mäuse dazu, diesen Duft mit einem leichten elektrischen Schlag an den Pfoten zu verbinden, wodurch infolge bereits der Geruch allein zu einem ängstlichen Erstarren führte. Die von diesen so konditionierten Mäusen gezeugten Nachkommen wurden auf deren Reaktion auf den Duft von Acetophenon hin untersucht. Sowohl die direkte Nachfolgegeneration als auch deren Nachwuchs reagierte überempfindlich darauf: Die Mäuse verharrten bei einem Schreckgeräusch im Schnitt merklich länger, wenn ihre Umgebung nach Acetophenon roch. Das Spannende: Diese Mäuse waren ansonsten nicht besonders ängstlich und zeigten vor anderen Gerüchen keinerlei Furcht. Den Grund für die erhöhte Sensitivität fanden die Forscher schließlich im Gehirn: Im Riechsystem dieser Nachfolgegenerationen waren jene Rezeptoren, mit denen die Mäuse den betreffenden Duft wahrnahmen, auffällig überrepräsentiert, was bei den zugehörigen Sinneszellen ebenfalls bestätigt werden konnte. Was schließen wir daraus? In dir steckt so viel mehr von deinen Eltern und deren Vorfahren, als du dir je unter Einsatz deines bewussten Verstandes wegreden könntest!

Weiter im Stannbaum: Dein Vater und deine Mutter sind praktisch dein Tor in die Welt, und bevor du dir deines Ichs bewusst geworden bist, warst du Teil deiner Mutter. Davon ausgehend durchläufst du verschiedene identitätsstiftende Prozesse, die etwas gemeinsam haben: Sie alle haben mit Abgrenzung, mit Abtrennung, mit Loslösung zu tun. Der erste von ihnen – die *Trennung vom Mutterleib* – passiert bereits beim Geburtsvorgang, gefolgt von der Durchtrennung der Nabelschnur. Zu diesem Zeitpunkt ist sich ein Kind allerdings dessen noch nicht bewusst, dass es ein von seiner Mutter getrenntes Individuum ist. Das Ich wird erst durch das Du erlebbar und bis zu dieser Erkenntnis und der *Trennung zwischen Ich und Du* braucht es erst ein Weilchen. Ein Stück später in der Entwicklung kommt ein Kleinkind in die *Trotzphase*, in der es seinen eigenen Willen entdeckt und sich selbst erstmals abgrenzt. Woran du dich vermutlich noch am besten erinnern kannst, ist der nächste Schritt: deine *Pubertät*. Egal, wie toll deine Eltern bis dahin für dich gewesen sind – spätestens in dieser Phase hast du sie als doof oder schwierig empfunden. Das ist von der Natur so gewollt, damit du dich mehr und mehr von ihnen abzugrenzen lernst. Mit der *ersten Liebe* setzt dann eine Art Gegenteil des Abgrenzungsversuchs ein, denn hier geht es um die Einwilligung zur kompletten Verschmelzung. Das *muss* bestenfalls schiefgehen (so paradox das klingen mag, weil sich der erste Liebeskummer natürlich furchtbar tragisch anfühlt), um identitätsstiftende Auswirkungen nach sich ziehen zu können. In der nächsten Etappe – obwohl die heutzutage immer später gesetzt wird – gehts schließlich um das *Verlassen des Elternhauses*. Hattest du Eltern, die mit Argusaugen auf jede deiner Handlungen geblickt haben, wirst du dich zu diesem Zeitpunkt vermutlich nach Freiheit und Autonomie gesehnt haben – wenn es in deinem Elternhaus viel destruktiven Streit oder wenig Liebe gegeben hat, wirst du dir Zuflucht und Harmonie gewünscht haben. Als Kind warst du deinen Eltern jedenfalls vollkommen ausgeliefert – oder positiv formuliert: Deine Eltern waren damals Götter für dich. Sie haben entschieden, was du gegessen hast, wann du schlafen gegangen bist, welche Kleidung du getragen hast – du kanntest nur ihre Welt. Was bedeutet das für konkrete Situationen?

Nehmen wir an, ein Kind geht mit seiner Familie in ein Restaurant und spielt dort für sich, wie Kinder das so tun. Irgendwann ermahnt es der Papa: »Sei nicht so laut!« Weil es bislang keine Erfahrung damit hat, wie man sich in einem Restaurant zu verhalten hat, kann das Kind diese Forderung nicht sofort umsetzen. Folglich fühlt sich der Papa bemüßigt, sich noch klarer auszudrücken und sagt ein wenig schärfer als beim ersten Mal: *»Du sollst nicht so laut sein!«* Für einen erwachsenen Menschen ist das freilich kein Thema. Aber für ein kleines Kind bedeutet diese Ermahnung Liebesentzug –

und Liebesentzug ist lebensgefährlich. Das wissen jedenfalls die Gene, die das als wichtige Information in den Zellen des Kindes gespeichert haben. Darum wird dieses Verhalten unbewusst in eine Schublade geschoben, die mit *»Ich darf nie wieder laut sein!«* beschriftet ist. Für das spätere Leben kann eine solche in Erwachsenenaugen komplett harmlos wirkende Situation bedeuten, dass sich aus dem Kind jemand entwickelt, der sich in Konflikten nicht gut behaupten wird können, weil er verinnerlicht hat, nicht laut sein zu dürfen. Gerade bei Mädchen war es in früheren Generationen oft ein Unding, laut zu sein, was dazu geführt hat, dass wir heute viele Frauen ab vierzig in unserer Gesellschaft beobachten können, die Schwierigkeiten damit haben, sich gegenüber anderen – ob das nun im beruflichen oder im privaten Umfeld ist – mal lauter zu verhalten oder einfach auf den Tisch zu hauen. Dieses Eingebremstwerden im Kindesalter ist auch eine Erklärung dafür, warum zahlreiche Frauen ihre eigene Stimme nicht wirklich kennen, weil sie sich stimmlich nie gänzlich ausleben konnten. Die Problematik, die folglich mitgeliefert wird: Ein Mensch, der ein bestimmtes Verhalten nicht zeigen durfte oder es in einer Schublade vor anderen versteckt hielt, lehnt häufig andere Menschen ab, die genau dieses ihm verwehrt gebliebene Verhalten an den Tag legen. Wenn du als Kind nicht laut sein durftest, wirst du dich deshalb vermutlich an anderen stoßen, die auffallend laut und präsent sind. Denn sie werfen dich unsanft auf dein Defizit zurück, zeigen dir, was du selbst wolltest, aber nicht ausleben konntest. Das wird in engen zwischenmenschlichen Beziehungen wie einer Partnerschaft besonders herausfordernd. Solche Prägungen passieren nicht ausschließlich im Elternhaus, werden nicht nur von Mama, Papa, den Geschwistern und Großeltern ausgelöst: Im Kindergarten verrät ein Mädchen seiner Freundin, dass es den Buben mit den blonden Locken mag. Die Freundin kann wie bei Kindern üblich ihren Mund nicht halten und erzählt dieses Geheimnis herum, wodurch es dazu kommt, dass plötzlich andere Kinder herumrennen und lachend »Die Sarah ist verliebt, die Sarah ist verliebt!« brüllen. Diese Situation kann neben einer Reihe von ähnlichen anderen aus der kleinen Sarah später eine Frau machen, die sich nie offensiv auf einen Mann zugehen traut, um ihm zu sagen: »Hey, du gefällst mir!« Denn immer, wenn ein Mensch zurückgewiesen wird – gerade in der Kindheit –, macht das etwas mit ihm und erschafft im Zuge von wiederkehrenden Ereignissen dieser Art mehr und mehr dessen inneren Tyrannen.

In deinen ersten Lebensjahren hast du also gelernt, was du darfst, was du nicht darfst und wie du dich verhalten musst, um Aufmerksamkeit und im besten Fall Liebe zu bekommen. Zumindest als Baby haben aber die meisten die bedingungslose Liebe ihrer Mutter erfahren. Warum? Weil eine Mutter durch die Ausschüttung des Bindungshormons Oxytocin wie auf Droge ist, was ihren Nachwuchs betrifft: Ob ihr Kind nun schön oder hässlich ist – und obwohl es vorwiegend pupst, spuckt und brüllt –, sie wird es (im Normfallfall) lieben. Was macht nun ein Säugling, wenn er nicht bekommt, was er will? Er schreit, weil er weiß: Dann kommt die Mama und gibt ihm Zuwendung, um ihn zu beruhigen. Dummerweise hat es die Biologie so eingerichtet, dass das Oxytocin in der Mutter mit der Zeit immer weniger wird. Um dem entgegenzuwirken, muss sich ein Baby etwas einfallen lassen. Und ab diesem Moment kann es schwierig werden. Sitzen beispielsweise die Erwachsenen gerade am Esstisch, trinken Kaffee und verspeisen Kuchen, während ein Kleinkind nicht dabei sein darf, sondern im Gitterbettchen sitzt, greift es zum bereits Erlernten zurück und schreit. Sollte der Vater in diesem Moment zur Mutter sagen: »Geh, lass den Max schreien, er wird sich schon beruhigen!«, bringt das die Mutter wahrscheinlich dazu, nicht aufzustehen – und der kleine Max bekommt die ersehnte Aufmerksamkeit nicht. Deshalb sucht er nach Alternativen. Vielleicht zieht er sich als erste Maßnahme an den Gitterstäben hoch. Sobald das die Eltern sehen, werden sie entzückt sein und rufen: »Schau, der Max steht!« Damit ist ein Mensch geboren, der fortan durch Leistung zu beeindrucken versuchen wird, um Liebe und Aufmerksamkeit zu erhalten. Es könnte natürlich genauso passieren, dass sich der kleine Max beim Versuch, sich im Gitterbett aufzurichten, wehtut und deshalb noch lauter zu schreien beginnt. Da hält es die Mutter freilich nicht mehr aus, lässt die Dessertgabel fallen und eilt zu ihrem Kind, um es zu trösten und zu überprüfen, ob es sich ernsthaft verletzt hat. Damit wäre ein Mensch geboren, der durch das Einnehmen der Opferrolle Aufmerksamkeit einfordert. Falls du dir jetzt denken solltest, dass es doch nicht so tragisch ist, was in diesen Beispielen passiert ist: Aus Sicht eines Erwachsenen ist das natürlich nichts Furchtbares, aber für ein Kind kann es das tatsächlich sein und es infolge traumatisch prägen. Traumatisch ist ein Erlebnis nämlich nicht erst, wenn Erwachsene es dahingehend einstufen, sondern wenn etwas, das ein Kind erwartet hat, nicht eintrifft. Später im Leben eines Kindes werden von seinen Eltern sogar bewusst und angekündigt bestimmte Bedingungen an Liebe und Aufmerksamkeit geknüpft: »Zuerst machst du deine Hausaufgaben – danach spiel ich mit dir«, hat vermutlich jedes Schulkind das eine oder andere Mal gehört.

Um eine wichtige Tatsache nicht zu übersehen: Eltern sind auch nur Menschen und keine ausgebildeten Pädagogen. Sie sind sich ihrer Handlungen meist nicht bewusst – so wie es schon ihre eigenen Eltern nicht waren und die vor ihnen. Dieses Buch ist deine Chance, es als Elternteil anders zu machen, ein wenig bewusster zu leben und deinen Kindern ein Leben mit weniger Angst und mehr Liebe zu ermöglichen! Das kann gelingen, indem du zunächst damit beginnst, für dich selbst glücklich und von deinem inneren Tyrannen befreit zu werden – schließlich lernen Kinder am Beispiel ihrer Eltern. Dich hingegen schuldig zu fühlen und dich für deine Fehler als Elternteil zu geißeln, macht dich nicht zu einer besseren Mutter oder einem besseren Vater. Daher ist der richtige Weg, es ohne viel Drama anders zu machen, sofern du dir als Mutter oder Vater deiner eingeschränkten Sichtweise bewusst wirst. Für den Fall, dass trotzdem wieder einmal etwas daneben geht – und das wird es –, sag deinem Kind: »Es tut mir leid!«, umarme es (und zugleich dich selbst in Gedanken) und freu dich darüber, dass du deinen inneren Tyrannen mit all seinen Programmierungen überhaupt bemerkt hast! Mach dir bewusst, dass du zur ersten Generation gehörst, die diese Möglichkeit hat, sich über derlei Zusammenhänge wirklich Gedanken zu machen – deine Vorfahren hatten andere, »gestrige« Probleme und du hast neue und »bessere«. In deiner Rolle als Elternteil weißt du etwa, was sie garantiert noch nicht wussten:

Die ersten vierzehn Jahre sind die prägendsten deines Lebens.

Das sagen uns Psychologie und Neurobiologie dazu. Dabei sind die ersten drei Jahre die allerwichtigsten, gefolgt von den ersten sieben – und dann eben die ersten vierzehn. Deine Erfahrungen in dieser Zeit bestimmen stark, woran du glaubst, welche Verhaltensweisen du dir aneignest und wie du worauf reagierst. Anders gesagt: Sie legen fest, was dir dein innerer Tyrann fortan zuflüstern wird. Je nachdem, was in den ersten drei, sieben und vierzehn Jahren passiert ist, wonach du dich bei diesem identitätsstiftenden Schritt gesehnt hast, ist dein innerer Tyrann ein besonders beißender, aufdringlicher oder ein leichter zähmbarer. Denn in diesen Altersetappen hast du die bedeutendsten Entwicklungen deiner Identität erfahren, was deinen inneren Tyrannen in seinem Charakter gestaltet und ausgeformt hat.

Wie deine Eltern deinen inneren Tyrannen füttern

In einer idealen Welt geben Eltern ihrem Kind Nahrung, Schutz und ein Zuhause – anders gesagt: Liebe. In der realen Welt geben sie ihm häufig zu wenig von der Liebe und von anderen Dingen zu viel. Unter Umständen übertragen sie ihrem Kind außerdem Emotionen, die gar nicht zu ihm gehören.

Wenn eine Mutter sich große Sorgen wegen des Drogenproblems ihres Sprösslings macht, so sind das genau betrachtet ihre Sorgen und nicht seine. Der Sohnemann ist vielleicht unglücklich verliebt, fühlt sich von seinen Eltern abgelehnt oder hat Schwierigkeiten in der Schule, er wird aber nicht sein Ventil bzw. die Folge daraus – die Drogensucht – als sein Problem empfinden. Erinnerst du dich an die beiden Pole »Angst« und »Liebe«, zwischen denen das Ego entscheiden kann? Seine Mutter handelt mit ihrer Sorge um ihn nicht aus Liebe – obwohl sie das so empfinden wird –, sondern aus Angst, da sie im Widerstand mit dem Istzustand ist und von ihrem inneren Tyrannen allerhand Meinungen dazu präsentiert bekommt, wie *»Drogenabhängige sterben früh!«, »Was werden bloß die Nachbarn sagen, wenn sie davon erfahren?«, »Man sollte sich nicht so schwach und verantwortungsvoll verhalten, sondern sich an Regeln halten!«* oder *»Nur Kinder von Rabeneltern nehmen Drogen!«* Was passiert, wenn wir einen Menschen oder eine Istsituation nicht annehmen, sondern uns von unserem inneren Tyrannen (ver)leiten lassen und gegen ihn oder sie in den Krieg ziehen, haben wir schon besprochen. Darum lässt sich bei diesem zugegebenermaßen harten Beispiel anschaulich auf den Punkt bringen: Die betreffende Frau hat ein Problem mit

Drogen, nicht ihr Sohn. Wer ein gutes Elternteil sein möchte, sollte sich nicht *um* seine Kinder sorgen, sondern *für* etwas sorgen, nämlich dafür, mehr über deren Gefühls- und Gedankenwelt zu erfahren, über die Dinge, die sie als Belastung empfinden.

Um beim Drogenbeispiel zu bleiben: Hinter einer Drogensucht liegen in den meisten Fällen andere Bedürfnisse und Konflikte als die plakativen. So kann sie ein Hilfeschrei sein oder auf schnellem Wege von unangenehmen Dingen im Leben ablenken, weil die Betäubung vorübergehend bewirkt, dass psychische wie physische Schmerzen erträglicher werden. Kaum jemandem ist dabei klar, dass beispielsweise eine Droge wie Speed nur zunächst munterer macht, danach aber für eine stärkere Müdigkeit als davor sorgt. Auf jeden Fall ist eine Sucht immer ein Hinweis auf mangelnde Selbstliebe und ein geringes Selbstbewusstsein. Je besser die Beziehung zwischen Eltern und Kind ist, je stabiler das soziale Umfeld als Ganzes, desto eher können solch tragische Familienschicksale verhindert werden. Ob ein Junge im Erwachsenenalter ein braver Staatsbürger wird oder ein Lump, ob er Bankräuber wird oder Universitätsprofessor, ob er Drogen nimmt oder täglich meditiert – all das hängt mehr von einer vertrauensvollen Bindung zu seinen Eltern ab als davon, dass er eingetrichtert bekommt, was er zu tun und zu lassen hat. Ob eine junge Frau später eine erfolgreiche Unternehmerin oder eine Prostituierte, eine Betrügerin oder Vorzeigebürgerin wird, ob sie ihre Kinder anschreien oder gut behandeln wird – auch das lässt sich nur bedingt beeinflussen, indem ihr von ihren Eltern gesagt wird, was »richtig« und was »falsch« ist, was von ihr erwartet wird und was nicht akzeptiert werden würde. Es geht um etwas anderes: darum, ein gutes Verhältnis zu seinen Kindern zu haben, um nicht zu verpassen, worunter sie leiden.

Lass uns festhalten: Was unsere Eltern über ein gutes Leben, über das Glück zu wissen glauben, haben sie wiederum von ihren Eltern – und von ihren Lehrern in der Schule – gelernt. Und wenn es bei ihnen nicht so aussieht, als wäre das aufgegangen – warum sollten sie die Geeigneten sein, um uns beizubringen, wie das mit dem »richtigen Leben« geht? Dennoch übernehmen wir, kräftig unterstützt von unserem inneren Tyrannen, Tausende bewusste und unbewusste Regeln, die uns nicht dorthin bringen, wo wir gern wären. Damit treffen wir von Anfang an keine tatsächlich eigenen Entscheidungen. Das beginnt schon im Kleinen, indem wir hören: *»Wenn du deine Schuhe dorthin stellst, ist es gut, aber dort drüben sollen sie nicht stehen!«* oder *»Wenn du das Gemüse so schneidest, ist es richtig, aber so schneidet man es nicht!«* Solche an sich stumpfsinnigen Regeln bringen Eltern ihren Kindern bei, weil sie es selbst nicht besser wissen, nicht anders beigebracht bekommen haben. Durch derartige Bevormundung versuchen Eltern ihre Kinder in eine Form hineinzupressen, die sie kennen, die ihnen vertraut ist und die deshalb für die richtige halten. Solche Regeln brauchen Kinder aber gar nicht. Das ist wohl der Grund, warum sie sich meist so dagegen wehren. Spielt ein Kind, so tut es das für gewöhnlich voller Hingabe und ist glücklich dabei. Heißt es dann: *»Komm, jetzt müssen wir aber gehen!«*, ergibt das in seinem Universum keinen Sinn. Aus seiner Sicht ist gerade alles gut, also gibt es keinen Grund, diesen Zustand zu verändern. Solltest du ein Elternteil sein und dir jetzt denken: *»Aber wenn ich gehen muss, kann ich das doch nicht ändern und bleiben, nur weil mein Nachwuchs sich das wünscht. Ein Kind muss außerdem lernen, dass nicht immer alles nach seinem Kopf gehen kann!«*, so geben wir dir recht: Selbstverständlich ist es notwendig, dass ein Kind lernt, sich an gewisse Regeln zu halten, und es ist der Job von Eltern, ihm diese verständlich zu machen. Eine bewusste Mutter bzw. ein bewusster Vater wird sich in solchen Situationen zunächst selbst die Frage stellen, ob sie oder im anderen Fall er hier auf den inneren

Tyrannen im Kopf hört – oder ob es um etwas geht, das für das Leben und Überleben des eigenen Kindes wichtig ist. Je genauer du als Mutter oder Vater verstehst, warum etwas Sinn ergibt, desto verständlicher kannst du das an dein Kind weitergeben. Dabei gilt: *Be*ziehung vor *Er*ziehung. Je besser die Beziehung zwischen Eltern und Kind sich gestaltet, umso eher wird das Kind nämlich kooperieren und zum gegenseitigen Wohl beitragen wollen. Anders gesagt: Hilf deinem Kind dabei, es selber zu machen, und sei dir dessen bewusst, dass dir dein Kind nicht gehört wie ein Gegenstand, den du besitzt! Je mehr du im Widerstand bist mit dem, wie dein Kind sich gerade verhält, desto schwieriger wirst du es mit ihm haben. Weil Erwachsene meist vergessen haben, wie es war, ein Kind zu sein, drücken sie ihren Sprösslingen ihr erwachsenes Weltbild auf und zeigen sich etwa entsetzt, wenn ihr Kind einen Turm aus Bauklötzen erschaffen hat und ihn danach zum Einsturz bringt oder wenn es im Sommerurlaub am Strand über Stunden eine Sandburg erbaut hat und sie im nächsten Moment scheinbar mutwillig zerstört. Dabei sagt das Wort »mutwillig« schon alles:

Ein Kind hat den Willen zum Mut, eine Form wieder zu verändern.

Was wäre denn die Alternative? Mitgenommen werden kann die Sandburg ohnehin nicht, und die Bauklötze sollen doch zu einem späteren Zeitpunkt wieder für etwas Neues verwendet werden – warum um alles in der Welt sollte beides nicht dem Erdboden gleichgemacht werden?

Kinder leben großartig im Hier und Jetzt, bevor ihnen diese Gabe ausgetrieben wird. Sie kommen mühelos in den Flow, der ihnen glücksbringende Gefühle beschert, bevor ihnen diverse Regeln beigebracht werden, die ihn verhindern. Dabei wäre genau das der richtige Weg in ein glückliches Leben: Der Turm ist erbaut, die Burg ist fertig? Auf ins nächste Abenteuer! Würden Erwachsene es zulassen, sich durch ihre Kinder an das eigene Kindsein zu erinnern und von ihnen zu lernen, wie man im Moment lebt, wären sie mit Sicherheit glücklicher. Leider ist es in den meisten Fällen genau umgekehrt: Während Kinder das Prinzip der Mühelosigkeit noch in sich tragen, wird ihnen nach und nach von ihren Eltern und später zusätzlich von den Lehrern beigebracht, genauso brave, angepasste, meist unglückliche und gehemmte Erwachsene zu sein, wie sie es alle sind. Das Ergebnis: Sie werden eines Tages ein ähnlich unerfülltes Leben führen! All das, was dein innerer Tyrann dir zuflüsterst, all der Schmerz, der durch deine von ihm vorgekauten Gedanken entsteht, entspringt diesem In-die-von-der-Gesellschafterwünschte-Form-gepresst-Werden. Darum halt dir ab sofort vor Augen:

Glaub nicht alles, was du denkst!

Vergiss nicht: Vieles, was du denkst, entspringt nicht mal deinen eigenen Gedanken, sondern kommt von außen, von deinen Eltern, von deinen Lehrern – zusammengefasst und in Form gegossen haben diese Regeln und Pläne und Richtlinien deinen inneren Tyrannen erschaffen und nachhaltig gefüttert. Darum verweis ihn jetzt in seine Schranken, indem du ihm nicht mehr alles glaubst, was er dir einzutrichtern versucht! Wie du das am besten machst, sehen wir uns später an.

Nicht nur, was dir verboten oder ausgetrieben wurde, hat deinen inneren Tyrannen gestaltet, auch wie und wo du lieben gelernt hast, hat deine heutigen Haltungen und dein aktuelles Verhalten geprägt. Schließlich macht es einen Unterschied, ob Beziehung ein zentrales Thema in deinem Elternhaus oder lediglich ein Randthema war, ob du von deinen Eltern geknuddelt, liebkost, geschaukelt, gedrückt und geherzt oder geschlagen, niedergemacht, geschimpft und gedemütigt wurdest. Zwischen diesen beiden extremen Enden der Skala gibt es eine Menge Zwischentöne und alle haben dich geprägt. Welchen Umgang miteinander du in deinem Elternhaus erfahren hast, hat unglaublich viel Einfluss auf dich und die Entwicklung zu der Person genommen, die du heute bist. Was immer du als Kind über die Liebe gelernt hast, hat deinem inneren Tyrannen Futter für seine Monologe in deinem Kopf gegeben: *»Meine Eltern haben immer darüber geurteilt, was unsere Freunde und Nachbarn so gemacht haben, ob jemand sich richtig oder falsch verhält, etwas gerecht oder ungerecht abgelaufen ist – und nun ertappe ich mich auch dabei, dass ich immer recht schnell beurteile, wie ich ein Verhalten bei anderen finde.«* Klar, der innere Tyrann hat für die Definition über »richtig« und »falsch« gesorgt. Anders wäre es gewesen, wenn diese Eltern ihrem Kind den Wert der Achtsamkeit vermittelt hätten: Dann wäre der Filter, durch den der spätere Erwachsene die Welt sieht, ein anderer – und der innere Tyrann hätte wenig zu tun.

Selbst wenn du glaubst, du hättest all deine Kindheitserfahrungen längst hinter dir gelassen, so haben sie doch Nachwirkungen auf dein aktuelles Leben. Warum ist das so? Um das zu erläutern, müssen wir nochmals zurück zu jenen Erfahrungen, die sich für ein Kind lebensbedrohlich anfühlen, weil es in seinem Überleben zunächst komplett von seinen Eltern abhängig ist: Wird ein bestimmtes Verhalten mit Liebe belohnt oder mit Liebesentzug bestraft, dann wird durch diese Reaktion ein Mensch erschaffen, der immer wieder versuchen wird, auf dieselbe Weise Aufmerksamkeit zu erhalten, denn Aufmerksamkeit ist nun mal wichtiger als Liebe. Der Hintergrund vereinfacht erklärt: Der Mensch ist ein Herdentier, und wer innerhalb der Herde keine Aufmerksamkeit bekommt, ist den Feinden hilflos ausgeliefert und wird den wilden Tieren praktisch zum Fraß vorgeworfen, während die Herde weiterzieht. Darum fühlt es sich für ein Kind tragischerweise so an, als wär es besser, vom Vater geschlagen als ignoriert zu werden. Welche Rolle und welchen Stellenwert du in deiner Familie hattest, wirkt bis heute auf dich und dein Leben.

Sind in einer Paarbeziehung die Kinder wichtiger als die Paarbeziehung, dann fungieren sie als der Kit dieser Beziehung.

Solltest du das so in deiner Herkunftsfamilie erlebt haben, war das besonders prägend für dich – und das war es genauso für deinen inneren Tyrannen. Oder wenn du regelmäßig zwischen die Fronten deiner Eltern geraten bist, dich zwischen deiner Mutter und deinem Vater entscheiden musstest, weil ein Elternteil das andere immer schlechtgeredet hat und du versucht hast, es ihm recht zu machen, damit es nicht böse auf dich oder enttäuscht von dir ist – dann war das ein Dilemma, das sich stark auf deine Entwicklung ausgewirkt haben wird. Das ist etwa ein Thema, das viele Trennungs- und Scheidungskinder ewig ungelöst mit sich herumschleppen und das den inneren Tyrannen hat wachsen und dich in deinen Beziehungen immer beeinflussen hat lassen. So ist davon abhängig, wie die eigene Mutter den eigenen Vater gesehen und beurteilt hat, ob sich ein Mann später gut genug für eine Frau fühlt – weil eine Frau nicht auf ihr Kind schauen kann, ohne dahinter den Mann zu sehen, von dem dieses Kind stammt. Hast du als Mädchen erlebt, dass dein Papa deine Mama betrogen hat, dann wirst du später in deinen Beziehungen wahrscheinlich mit der Befürchtung zu kämpfen haben, dein Partner könnte dir ebenfalls untreu sein – weil deine Erfahrungswerte diesbezüglich das Bild von Männern geprägt haben. Du siehst schon: Es gibt immer einen Zusammenhang zwischen deinem Verhalten, deinen Gefühlen und Gedanken als Erwachsener und dem, was du als Kind erlebt hast. Auch die Themen deiner Eltern – womit sie im Widerstand waren und wogegen sie sich gewehrt haben – werden dich nachhaltig beeinflussen. Hat jemand beispielshalber gelernt, es gehe in vielen Lebenssituationen um »schuldig« oder »unschuldig«, so wird der Betreffende später bei sich oder anderen vorwiegend nach Schuld suchen und es wird ihm in seinen Beziehungen mitunter wichtiger sein, sich im Recht zu fühlen als verliebt zu bleiben. Jemand, der hingegen gelernt hat, es gehe um Rücksicht und Verzicht, wird sich selbst und andere vorwiegend danach bemessen. Unsere Bewertungen, was uns wichtig ist und was nicht, ziehen sich auf diese Weise von Kindesbeinen an durch unser ganzes Leben.

Solltest du zwar kein Scheidungskind gewesen sein, aber heute ein Scheidungselternteil, behalte eines im Hinterkopf:

Kinder wollen von beiden Eltern geliebt werden und beide Eltern lieben dürfen.

Solltest du deinen Expartner ablehnen, wird das folglich eine Belastung für eure gemeinsamen Kinder darstellen. Darum sind Eltern es ihren Kindern gewissermaßen schuldig, nach einer Trennung oder Scheidung mit dem Vergangenen abzuschließen und sich mit dem ehemaligen Partner zu versöhnen. Gesetzt den Fall, du befindest dich in einer solchen Situation und tust dir schwer damit, dann tausche aktiv deine Erwartungshaltung gegen Dankbarkeit! So wird es dir möglich zu verzeihen, zu vergeben und abzuschließen. Überleg dir dazu, wofür du in Bezug auf den Vater deines

Kindes/deiner Kinder bzw. die Mutter deines Kindes/deiner Kinder dankbar sein könntest, wenn du wolltest – nicht nur das Elternsein betreffend, denn ursprünglich habt ihr euch immerhin als Mann und Frau zusammengetan, und auf dieser Ebene sind auch all die Verletzungen passiert, die sich Paare meist noch nach Jahren gegenseitig vorwerfen. Mach dir klar: Du hast den Mann in ihm bzw. die Frau in ihr verletzt und nicht den Vater oder die Mutter! Denk außerdem darüber nach, was du wiederum bedauerst und in deinem Verhalten ihm bzw. ihr gegenüber gern anders gemacht hättest. Als Letztes geh in dich und setz dich damit auseinander, was du deinem Expartner wünschen könntest. Auf diese Art und Weise kannst du nicht nur unbelastet und beziehungsfähig in deine nächste Beziehung gehen, sondern ersparst außerdem deinen Kindern viel Kummer und Schmerz.

Wie du lieben gelernt und was du in deiner Herkunftsfamilie rund um das Thema »Beziehungen« erfahren hast, wirkt sich aber nicht ausschließlich auf dein Liebes- und Beziehungsleben aus. Es kann sein, dass du – bewusst oder unbewusst – dein Leben aufgrund deiner Erlebnisse damals immer noch so lebst, wie du glaubst es leben zu müssen, um die Erwartungen deiner Eltern zu erfüllen, um ihre Liebe und Aufmerksamkeit zu bekommen, um sie stolz auf dich zu machen. Womöglich übst du einen Beruf aus, den du gar nicht gewählt hättest oder lebst eine Partnerschaftsform, die nicht deinen Sehnsüchten entspricht, weil dein innerer Tyrann dich dazu bringt, Entscheidungen im Sinne der Erwartungshaltung deiner Herkunftsfamilie zu treffen.

Warum dein innerer Tyrann Veränderung verhindert

Dein innerer Tyrann hat kein Interesse daran, dass du dich veränderst. Erstens wäre er dann praktisch arbeitslos und zweitens verfolgt er mit seinem Vorhaben eine gute Absicht. Nur auf den ersten Blick ist er nämlich der Bösewicht, dem es gefällt, dich in seiner Hand zu haben und dein Glück mit verschiedenen Mustern, Glaubenssätzen und anderen Prägungen zu sabotieren. Er hat es sich aus gutem Grund zur Aufgabe gemacht, dafür zu sorgen, dass du dir von Zeit zu Zeit selbst im Weg stehst.

Seine wahre Intention wird sichtbar, sobald du dir Folgendes vor Augen führst: Nicht jeder, der im selben Jahr wie du geboren wurde, lebt heute immer noch. Anders gesagt: Du verdankst deinem bisherigen Verhalten – und damit den Einflüsterungen durch deinen inneren Tyrannen – bis zum heutigen Tage auch dein Leben. Um dein weiteres Überleben zu sichern, wird er alles daran setzen, eine Veränderung zu verhindern.

Abgesehen davon, dass du am Leben bist, werden dir bestimmt weitere großartige Dinge widerfahren sein: Du wirst tollen Menschen begegnet sein, bereichernde Beziehungen erfahren, unvergessliche Momente erlebt und Erfolge gefeiert haben. Wir können somit festhalten: Er hat seine Sache in weiten Aspekten gut und richtig gemacht. Vor diesem Hintergrund betrachtet wird klar, wie schwierig es für deinen inneren Tyrannen ist, auseinanderzuhalten, welche seiner Haltungen er loslassen sollte und was er als Muster unbedingt aufrechterhalten muss, damit du weiterhin gut durchs Leben kommst. Je mehr Blut, Schweiß und Tränen du in ein bestimmtes Verhalten investiert hast, je öfter du etwas gedacht, geglaubt, gemeint hast, desto schwerer fällt es ihm, sich diesbezüglich nicht weiter einzumischen. Das ist der Grund, warum er dafür sorgt, dass du dir selbst, deinem

Glück und deiner Entwicklung im Weg stehst. Das tust du vielleicht, indem du dein volles Potenzial nicht ausschöpfst und etwa in einer unglücklichen Partnerschaft oder in einem Job, der dich nicht erfüllt oder sogar belastet, ausharrst. Vielleicht träumst du schon lang von der Selbstständigkeit oder einer Reise um die Welt, aber dein innerer Tyrann warnt dich: »*Was ist, wenn du es nicht schaffst?!*« – und dahinter steckt ein überaus menschliches System.

Immerhin ist die Angst vor Neuem größer als der Schmerz, das gewohnte Übel auszuhalten.

Warum du in dein Leben holst, was der innere Tyrann will

Schmerz ist etwas, das wir Menschen vermeiden wollen. Dein Hirn – und im Schlepptau dein innerer Tyrann – fokussiert auf genau jene Dinge, denen du unter allen Umständen entkommen willst. Dafür hat es einen unbewussten Autopiloten installiert, der sich um dein Überleben kümmert, aber nicht auch noch um dein Glück. Das wäre ihm dann doch zu viel, es kann sich nur auf eine Sache konzentrieren. Egal, ob dein innerer Tyrann dir demnach einsagt: »*Du schaffst das!*« oder »*Du schaffst das nicht!*« – es wird genau das eintreten, was er forciert hat, damit er in seinem System unangetastet weitermachen kann, um dich bestmöglich zu schützen.

Sehen wir uns dazu ein Beispiel an: Ein Mann hat als Kind gelernt, Fehltritte können gefährlich werden, weil er regelmäßig verprügelt wurde, wenn ihm ein Fauxpas unterlaufen ist. Dabei war es gleichgültig, ob es um eine schlechte Schulnote ging, darum, dass das Zimmer nicht aufgeräumt war, oder ob er das Falsche gesagt hatte: Egal, wie mit (angeblichen) Fehlern umgegangen wurde – es prägte das Muster. Als Folge wird er sich dahingehend entwickelt haben, stets darauf bedacht zu sein, später im beruflichen Umfeld keinen Fehler zu machen. Trägt ihm dann eines Tages sein Vorgesetzter auf: *»Besorg doch bitte Stifte für das nächste Seminar«*, wird er aus dieser Unsicherheit heraus nachfragen, wie viele. Die Antwort *»Na ja, sagen wir zwischen fünfundzwanzig und dreißig«* wird ihm nicht reichen, er wird die gewünschte Stückanzahl konkret wissen wollen – damit er einen möglichen Fehler vermeiden kann. Alles, was diesen Auftrag betrifft, wird er ganz genau hinterfragen: ob die Stifte blau oder schwarz schreiben müssen, von welcher Marke sie sein sollen, wie viel sie kosten dürfen. Das klingt für dich wahrscheinlich nach einer Kleinigkeit – und das ist es in diesem Fall auch. Aber sollte sich dieses Verhalten durch alle Bereiche seines Lebens ziehen, wird er immer wieder anecken und es schwer haben mit Vorgesetzten, Kolleginnen oder eigenen Mitarbeitern. Das Muster, nach dem sein innerer Tyrann vorgeht, lautet: *»Damit du keinen Fehler machst, musst du genau das tun, was dir gesagt wird – nicht mehr und nicht weniger, also denk vorsichtshalber gar nicht mehr selbst mit!«* Das kann zu Situationen wie der folgenden führen: Unterläuft einem Menschen mit dieser Prägung ein Fehler und wird er darauf hingewiesen, geht er automatisch in die Defensive, weil er Konfliktsituationen nicht aushält. Selbst wenn ein Außenstehender sein Muster entlarvt und es ihm konstruktiv vor Augen führt, wird er zunächst nicht aus seiner Haut können, weil er darin gefangen ist und deshalb nur hören wird: *»Du hast einen Fehler gemacht!«*, was ihm seinen Glaubenssatz nur noch stärker bestätigt. Und genau das ist ein Problem, das die meisten von uns auf der einen oder anderen Ebene kennen: Wir leben mit unserem inneren

Tyrannen, der uns ständig ins Ohr flüstert, was wir denken sollen – und so dafür sorgt, dass sich unsere negative Erwartungshaltung immer wieder aufs Neue erfüllt. Hier gewinnt wie so oft die Emotion, mit der du Fehler betrachtest, ob du dich selbst dafür bestrafst, verachtest, mental prügelst – oder ob du dir sagst: »*Yeah, diesen Fehler mach ich wenigstens nicht noch einmal! Super, ich hab mein Muster erkannt und kann es jetzt unterbrechen!*« Das ist eine gänzlich andere Haltung als »*Oh shit, was bin ich nur für ein Trottel!*« Auch hier geht es eben um Liebe oder Angst, um Annahme oder Ablehnung. Und das macht in jedem einzelnen Moment deines Lebens einen echten Unterschied. Vergiss nicht: Du darfst dich trotz deiner Fehler lieben – und du kannst dich jederzeit verbessern!

Wenn dir ein Mann begegnet, der eine übertriebene Oberarmmuskulatur und einen Sixpack hat, wirst du im ersten Moment ein Bild von seinen Gewohnheiten – und von seiner angeblichen Identität – haben, richtig? Wenn du eine Frau kennenlernst, die dir erzählt, dass sie gemobbt wird, darfst du deshalb hinterfragen, was sie wohl immer wieder aus Gewohnheit macht, das dieses Mobbing auslöst. Wie meinen wir das? Einfach gesagt: Opfer-Energie lädt Täter-Energie ein. Wer in einem Mangelbewusstsein sein Leben fristet, zieht Mangel an. Was jemand sich innerlich nicht wert ist, kann er im Außen nicht erreichen, weil der äußere Reichtum den inneren nur widerspiegelt. Aus diesem Grund ist es problematisch, dass wir in unserer Gesellschaft so auf die äußeren Dinge fokussiert sind und ständig Umstände im Außen ändern wollen. Dieses Phänomen werden wir uns später noch genauer vornehmen. Die Krux dabei können wir aber jetzt schon zusammenfassen:

Solange du dein Leben nicht veränderst, veränderst du dein Leben nicht.

Anders gesagt: Die Art und Weise, wie du in der Welt unterwegs bist, unterrichtet deine Mitmenschen darin, wie sie mit dir umgehen sollen, und du unterrichtest die Welt umgekehrt darin, wie sie mit dir umgehen soll – durch die Art und Weise, wie du mit dir selbst umgehst.

Warum du lieber leidest, anstatt Probleme zu lösen

Obwohl Menschen Kummer und Schmerz unter allen Umständen vermeiden wollen, sind sie unglaublich leidensfähig: Sie ertragen furchtbare Schicksalsschläge – und genauso Situationen, in die sie durch das Hören auf ihren inneren Tyrannen gelangt sind, die sie aber in der Hand gehabt hätten. Wenn Probleme selbst verursacht sind, können sie allerdings auch selbst gelöst werden.

Solltest du in einem bestimmten Bereich deines Lebens unzufrieden sein, dann frag dich zunächst, wie dringlich die Sache ist.

Wenn du es noch nicht verändern musst, kannst du auch länger leiden.

Vermutlich hast du schon von der Komfortzone gehört. In ihr bewegst du dich wie auf einem Teppich, den du bereits lange besitzt: Du akzeptierst seine Kanten und Enden als die Grenzen deiner Welt, kennst dich innerhalb dieser bestens aus und möchtest ihn deshalb nur ungern verlassen. Unsere Komfortzone sorgt dafür, dass wir uns wohl und sicher fühlen. Sie verursacht aber zugleich, dass sich auch unser innerer Tyrann wohl und sicher fühlt und es sich so richtig bequem machen kann, wodurch wir uns mit seiner Sicht von unserer Welt im Rücken ständig selbst im Weg stehen.

Dir ist inzwischen sicherlich klar geworden:

Zu leiden ist leichter als zu lösen, weil das Leiden innerhalb der Komfortzone passiert.

Vor diesem Hintergrund wird verständlich, warum es gefühlt einfacher ist, das Leiden auszuhalten, als eine Situation aufzulösen: Um etwas zu verändern, musst du über die Grenzen des Teppichs steigen und deine Komfortzone verlassen, was wegen der Ungewissheit, die dort auf dich wartet, ungemütlich wirkt und enorm angsteinflößend ist. Schon diesen Umstand zu entlarven, ist gar nicht so einfach, denn meistens empfinden wir unsere Reaktion auf eine bestimmte Situation durchaus als logisch: Wartet jemand an einer Haltestelle bereits seit einer Viertelstunde auf den Bus, denkt er sich mit aller Wahrscheinlichkeit: *»Wenn ich jetzt gehe, war das umsonst«* – und wartet weitere zehn Minuten. Manchmal kommt der Bus aber auch nach einer Stunde noch nicht.

Es gibt Menschen, die ein Leben lang an dieser Bushaltestelle stehen bleiben.

Das tun sie nicht etwa, weil es ihnen so viel Freude bereiten würde, darauf zu warten, dass alles besser wird. Das tun sie, weil ihr innerer Tyrann ihnen davon abrät, etwas Neues zu wagen, etwas auszuprobieren, das gefährlich sein könnte.

Im Zweifel hören sie auf ihn, um nur ja kein Risiko einzugehen. *»Geh weg mit deiner Lösung! Sie wäre der Tod für mein Problem!«* spiegelt unsere durch den inneren Tyrannen manifestierte Haltung wider.

Stell dir vor, jemand läuft zehn Jahre lang nach Osten, um den Sonnenuntergang zu suchen, und dann kommt plötzlich ein Fremder des Weges und weist ihn darauf hin, dass er in die falsche Richtung unterwegs ist. Den wenigsten würde es leicht fallen, ihren inneren Tyrannen zum Schweigen zu bringen und gleich auf die Worte des Fremden zu hören, der unmöglich wissen kann, wie schwierig es war, einen so weiten Weg zurückzulegen. Das liegt in der Natur der Sache, ist demzufolge absolut nachvollziehbar. Insgesamt geht es uns doch allen gleich, solange wir auf unseren inneren Tyrannen hören: Sogar wenn er uns auf eine falsche Fährte führt, fühlt sich diese doch immerhin sicher an, weil sie innerhalb unserer Komfortzone liegt.

Es ist eben eine Kunst, sich nicht selbst im Weg zu stehen!

Schon sich einzugestehen, dass man bislang auf dem falschen Weg war, tut weh. Umzukehren erscheint recht weit – und darum neigen die meisten Menschen dazu, so weiterzumachen, wie sie es gewohnt sind, und damit den Anleitungen ihres inneren Tyrannen weiterhin Folge zu leisten.

Aber lass uns von der Metapher der Bushaltestellen und Reisen in den vermeintlichen Osten zu einem realistischen Beispiel wechseln, um zu verdeutlichen, wie es im echten Leben aussieht, wenn jemand an seiner Komfortzone festhält: Nehmen wir an, du stammst aus einer Familie, in der alle Mitglieder davon ausgehen, dass Geld schmutzig ist, weil es den Charakter verdirbt. Der familiäre allgemeingültige Glaubenssatz dazu könnte lauten: »*Wer reich werden will, muss ein egoistischer Mensch sein, der das System austrickst und sprichwörtlich über Leichen geht.*« Mit dieser Haltung aufzuwachsen, hat wahrscheinlich dazu geführt, dass du nicht gerade wohlhabend geworden bist – dafür wird dein innerer Tyrann schon gesorgt haben. Kommt nun jemand, der es gut mit dir meint, auf dich zu und sagt dir: »*Du, ich hätte da eine Idee, wie du zu mehr Geld kommen kannst*«, was wird passieren? Du wirst ihm keinen Glauben schenken, sondern vermuten, dass er ein Schlitzohr ist und dich nur über den Tisch ziehen will. Wie solltest du auch anders darüber denken, wo dir dein innerer Tyrann zeit deines bisherigen Lebens eingesagt hat, zu Geld komme man nur durch linke Machenschaften und Betrügereien? Du wirst dir deshalb einen Impuls antrainiert haben, der gewährleistet, dass sich in dir alles zusammenzieht, sollte jemand mit einem solchen Vorschlag auf dich zukommen, damit nichts zu dir durchdringen kann, was dein bestehendes Weltbild, an dem dein innerer Tyrann so fleißig gebastelt hat, erschüttern könnte.

Anderer, ähnlicher Fall: Jemand hat eine Firma und die läuft nicht gut. Rät ihm dazu ein Freund oder Coach: »*Ändere das System oder lass es gehen!*«, wird er aus dem Stand heraus Gegenargumente haben: »*Ja, aber ich habe doch gerade meine letzten 20.000 Euro in mein Geschäft investiert! Wenn ich jetzt zusperre, um etwas komplett anderes zu machen, dann ist dieses Geld für immer verloren …*« Folglich hält er daran fest. Er bleibt an der Haltestelle stehen und wartet weiter auf den Bus.

Ist jemand starker Raucher, so wird er an einer Zigarette ziehen wollen, wann immer er einen Arbeitsprozess eröffnet oder beendet, wann immer er sich eine Pause gönnen oder sich entspannen will – ungeachtet dessen, dass eine Zigarette viele Stoffe beinhaltet, die toxisch sind und damit den Körper unter Stress versetzen, aber keinen einzigen, der beruhigend wirken könnte. Sogar falls ihm irgendwann klar werden sollte, dass diese Angewohnheit ihn krank machen oder frühzeitig zum Tod führen könnte, wird es sich für ihn vergleichsweise sicherer anfühlen, an einer Zigarette zu saugen, als es nicht zu tun – weil ihn sein innerer Tyrann schön brav auf dem Teppich der Komfortzone behalten will. Das Gleiche gilt für einen Workaholic, dessen Droge nicht das Nikotin, sondern das Dopamin ist: Verbietet man ihm, so richtig viel zu arbeiten, fühlt er sich bereits bei der Vorstellung davon schon im Mangel.

Dabei übersieht der innere Tyrann etwas Essenzielles:

Der Meister ist öfter gescheitert, als es der Schüler je probiert hat.

Stellen wir einen selbstbewussten, proaktiven Womanizer einem Mann gegenüber, der Angst hat, Frauen anzusprechen: Welcher von beiden wird häufiger abgewiesen worden sein? Selbstverständlich hat der Frauenschwarm mehr Körbe bekommen als der Schüchterne, der findet, er habe kein Glück beim anderen Geschlecht. Der Erfolgreiche hingegen ist oft das Risiko eingegangen, von einer Frau abgelehnt zu werden.

Je häufiger wir bereits eine angstmachende Situation bewältigen konnten, je öfter wir nach dem Scheitern wieder aufgestanden sind, je mehr wir uns mit unseren Ängsten und Unsicherheiten auseinandergesetzt haben, desto besser können wir im Hier und Jetzt mit allen Schwierigkeiten umgehen, auf die wir treffen.

Pleiten, Pech und Pannen pflastern den Weg zum Erfolg.

Sie machen uns stärker, durch sie entwickeln wir uns. Es ist daher notwendig, anzuerkennen, dass das Leben nicht ohne Stolpersteine auskommt – und dass das nichts Schlechtes, sondern etwas Gutes ist.

Übrigens werden Menschen mit der Zeit von ihren negativen Gefühlen abhängig: Wütende werden wütender, Traurige werden trauriger – weil dieser Hormoncocktail abhängig macht. Menschen tun leider im Normalfall nicht, was gut für sie wäre – sie tun, was sie kennen und können. Aus diesem Fokus entstehen auch ihre Emotionen und aus diesen Emotionen (dem erwähnten Hormoncocktail) leiten sie Handlungen ein, die irgendwann zur Gewohnheit (dem Lieblingscocktail) werden – und das wird schließlich ihr Leben. Darum gilt es, sich einen gewinnbringenden Ersatz für diese Hormone zu suchen – und das ist nur außerhalb der Komfortzone möglich. An ihrem Rand stehen Schilder mit Aufschriften wie *»Ich hab zu wenig von meinen Eltern bekommen!«*, *»Mein Vater hat alles falsch gemacht!«*, *»Meine Mutter war nie für mich da!«* oder *»Ich hatte keine schöne Kindheit!«* Außerhalb deiner Komfortzone stehen Schilder mit besseren Aussagen darauf, mit Aufschriften, die dich im Leben weiterbringen werden.

Warum sich dein innerer Tyrann bei dir so wohlfühlt

Weil zu leiden auf den ersten Blick einfacher ist, als etwas zu lösen, ist es für Menschen also schwierig, sich zu verändern – was der innere Tyrann für sich zu nutzen weiß. Doch es gibt noch einen weiteren Grund, warum Veränderung so selten passiert: Es ist verdammt schwierig, sich selbst neu zu erfinden, während einem Menschen dabei zusehen, die einen gut kennen.

Gehen wir einmal davon aus, du kommst aus der Gruppe der übergewichtigen Menschen – dein Vater ist zu dick, deine Mutter ebenfalls, zusätzlich schleppen deine Schwester sowie dein Bruder zu viele Pfunde mit sich herum – und ihr tut, was Übergewichtige eben tun: Ihr sitzt am Abend zusammen auf der Couch und esst. Spürst du nun eines Tages einen Leidensdruck und offenbarst deinen Familienmitgliedern: *»Wisst ihr was? Nichts schmeckt so gut, wie sich fit zu fühlen! Deshalb werde ich ab sofort ins Fitnesscenter gehen und meine Ernährung umstellen!«*, dann werden sie (weil sie ebenfalls ihre inneren Tyrannen in ihren Köpfen haben, die verhindern wollen, dass sie sich verändern) mit hoher Wahrscheinlichkeit nicht auf deinen Zug aufspringen, sondern eher bei jeder Gelegenheit Einwände wie *»Aber geh, die Oma hat Geburtstag, da kannst du doch schon ein Stück Torte essen!«* vorbringen. Das macht es herausfordernder für dich, dranzubleiben und durchzuhalten. Ähnlich wird es ablaufen, solltest du zur Gruppe der Raucher gehören und dir vorgenommen haben, deine Sucht zu besiegen: Die Menschen in deiner nächsten Umgebung werden dir nur in Ausnahmefällen unterstützend zur Seite stehen. Auch wenn es um subtilere Themen geht, wirst du auf Widerstand im Außen stoßen. Erzähl mal deinem Partner, du hättest deine Meinung über eine bestimmte Sache geändert, die ihn mit betrifft! Das wird ihm nicht besonders gefallen. Warum ist das so?

Weil Kontinuität in unserer Gesellschaft positiver bewertet wird als Veränderung!

Zusätzlich hat die Gruppe derer, mit denen du dich umgibst und denen du dich zugehörig fühlst, massive Auswirkungen auf dich und dein Leben. Immer wieder zeigt sich etwa: Du wirst den Durchschnitt dessen verdienen, was deine fünf besten Freunde an Gehalt bekommen. Das ist zumindest bei vielen Menschen der Fall und liegt simpel gesagt am Gruppengewissen: Es würde (freilich unbewusst) ein schlechtes Gewissen verursachen, wenn es dir besser ginge als all deinen Freunden. Daraus ergibt sich: Menschen, die dich lieben, werden folglich nicht sofort mit Applaus reagieren, wenn du dich aus deiner Komfortzone bewegst und ein unbekanntes Verhalten an den Tag legst, um die beste Version deiner selbst zu werden. Immerhin könnte deine Veränderung dazu führen, dass du den Clan verlässt – und das will keiner, weil das gemeinsam festgelegte Verhalten die Gruppe stärkt. Schneidet innerhalb der Mafia jemand einem anderen den Finger ab, wird etwas anderes passieren, als wenn das in einer »normalen« Familie geschieht, weil jede Gruppe ihre individuellen Regeln hat. Daher muss eine Frau, die nach zwanzig Ehejahren und dem zehnjährigen Dasein als Hausfrau plötzlich beschließt, eine Ausbildung zu machen, um in weiterer Folge ihr eigenes Geld verdienen zu können, damit rechnen, dass ihre Familie davon nicht begeistert sein wird: Die Kinder werden sich womöglich beschweren, dass nun nicht mehr regelmäßig das fertige Essen auf dem Tisch stehen wird, und der Ehemann stößt sich vielleicht an der Vorstellung, seine Frau könnte im Rahmen dieser Fortbildung attraktive Kollegen haben, die ihm seinen Platz streitig machen wollen. Selbst wenn die Umsetzung ihrer Pläne dazu beitragen würde, dass sie sich erfüllter, selbstständiger und glücklicher fühlt und diese neue Energie positiv zurück in ihre Familie bringen könnte, muss sie zunächst damit rechnen, dass ihr Vorhaben auf Ablehnung stoßen wird. In manchen Fällen führt eine solche Veränderung sogar zur Trennung, weil es alle Beteiligten innerhalb eines Systems betrifft, wenn einer nicht länger auf seinen inneren Tyrannen hören und sich nicht mehr an die gemeinsamen Regeln halten möchte. Nicht jeder Partner kommt da mit, sieht das als Gelegenheit, sich selbst und die Liebesbeziehung ebenfalls auf eine höhere Ebene zu bringen. Viele stellen sich hingegen quer und wollen nicht akzeptieren, was da passiert. Weil wir das tief in uns spüren oder Ähnliches bereits im Kleinen erlebt haben, tun wir uns eben so schwer, uns auf die Reise der Veränderung einzulassen. Das ist absolut verständlich, denn wer will schon seine Familie vor den Kopf stoßen, Freunde oder andere Lebensmenschen verlieren?!

Versuch dir als Vorbereitung auf den Prozess der Veränderung folgende Fragen ehrlich zu beantworten:

- Welche Menschen könnten deinen Erfolg (unabsichtlich) verhindern wollen?
- Welche Menschen in deinem Umfeld könnten deinem Erfolg möglicherweise zuträglich sein oder dich gar aktiv fördern?

Mit den Antworten auf diese Fragen bist du gewappnet, sollte es tatsächlich Schwierigkeiten geben. Du kannst Freunden oder Familienmitgliedern, von denen du weißt, dass sie dich nicht verstehen werden, im Vorfeld sagen: *»Ich brauche jetzt ein bisschen Zeit für mich selbst, weil ich da einige Dinge für mich klären und angehen möchte«*, damit sie wiederum darauf vorbereitet sind. Sobald du sattelfest in deinem neuen Verhalten bist, wirst du mit Widerstand umgehen können und nicht mehr so schnell umfallen – und sollten sie später sehen, wie gut dir deine Veränderung getan hat, lassen sie sich im besten Fall davon inspirieren.

Nun wird auch klar, warum dein schlechtes Gewissen selten aus dir selbst kommt, sondern aus dem Dunstkreis der Menschen, denen du dich zugehörig fühlst. Wenn du Schuldgefühle aufgrund deiner Veränderung haben solltest, dann liegt das mit hoher Wahrscheinlichkeit genau an der eben beschriebenen Tatsache, dass die Menschen, die dich lieben, aber nicht unbedingt deinen Erfolg unterstützen, versuchen werden, dich zurückzuhalten und vom neuen Weg abzubringen. Deshalb fühlt sich dein innerer Tyrann wunderbar aufgehoben und geschützt, weil er gelernt hat, sich darauf verlassen zu können, in deinem Inner Circle große Unterstützer zu haben: Nicht nur er möchte eine positive Veränderung verhindern, sondern ferner die Menschen in deinem nächsten Umfeld.

Entwicklung ist so betrachtet nicht unbedingt eine Sache, die dich in Bezug auf dich selbst und dein Leben sicherer macht – jedenfalls nicht sofort. Je höher du stehst, desto deutlicher siehst du, wie herausfordernd es ist, sich gegen das allgemeingültige Verhalten einer Gruppe zu bewegen – und wo dein Horizont begrenzt ist, weil durch eine positive Veränderung, ein Dazulernen auf dem einen oder anderen Gebiet oft sichtbar wird, was du alles noch *nicht* weißt. Dieses Erkennen kann dich zunächst unsicher machen.

Dein Glücklichsein und die Sicherheit deines Lebens sind davon abhängig, wie viel Unsicherheit du komfortabel aushalten kannst.

Für dein Glück ist es aber essenziell, dich vor Entwicklung nicht zu verschließen. Darum stell dich darauf ein, dass dein innerer Tyrann dir Hindernisse in den Weg legen wird, andere nicht unbedingt mit einem »Bravo!« reagieren werden und du mit Neid und Missgunst konfrontiert werden könntest, sobald du deine dich limitierende Identität hinter dir lässt.

Unter Umständen wird es notwendig sein, deinen gesamten Freundes- und Bekanntenkreis genauer unter die

Lupe zu nehmen und ein neues Auswahlverfahren zu starten. Natürlich kannst und musst du dir nicht bei jeder Veränderung neue beste Freunde suchen, aber die eine oder andere Person solltest du dir zuliebe eventuell zurücklassen. Was meinen wir damit? Dich am Wochenende mit deiner unglücklichen Singlefreundin zu treffen, die ständig nur auf Männer schimpft, wird dich deinem Beziehungsglück nicht näherbringen. Solltest du beispielsweise jemanden kennenlernen, der potenziell als Partner für dich passen könnte, helfen dir Sprüche ihrerseits wie *»Aber pass auf! Du weißt ja, wie die Männer sind: Sie sind alle gleich – er wird dir letzten Endes das Herz brechen«* wenig weiter. Die Erkenntnis könnte sein: Sie ist vielleicht niemand, der das, was du dir für dich wünschst, nährt, sondern eher verhindert – aber nicht, weil sie ein bösartiger Mensch wäre, sondern weil sie sich in Bezug auf jemanden, der sich entwickeln will, unsicher fühlt. In einer solchen Situation musst deshalb du selbst für dein Dranbleiben sorgen, und womöglich funktioniert das nicht, ohne eine Zeit lang auf Abstand zu gehen (zumindest so lange, bis sie so weit ist, mitzuziehen und sich ebenfalls zu verändern).

Mit den Wölfen zu heulen ist zwar angenehm, macht dich aber nicht glücklich.

Wenn nun schon Menschen, die dir wohlgesonnen sind, Einwände gegen deine geplante Veränderung haben – wie wird das erst bei Fremden sein, die den überwiegenden Teil der Weltbevölkerung ausmachen? Mach dir bewusst: Je glücklicher, selbstbestimmter und erfolgreicher du wirst, desto eher wirst du ein Feindbild für viele werden, weil sie sich neben dir klein(er) fühlen könnten. Denn obwohl wir längst wissen, dass die Wurzel jeder Unzufriedenheit im

Vergleich zu finden ist, vergleichen sich Menschen einfach ständig mit anderen. Ja, es gibt auch Zeitgenossen mit innerlicher Größe, die sich durch deine Veränderung wachgerüttelt fühlen und dir nacheifern werden. Der Großteil der Personen, denen du begegnen wirst, könnte allerdings anders damit umgehen.

Wenig hilfreich in Bezug auf mögliche Veränderung ist es außerdem, dass wir grundsätzlich unseren Trieben entsprechend agieren (essen, schlafen, unser großes und kleines Geschäft verrichten, Sexualität leben und fortpflanzen wollen) und uns von den anderen Säugetieren lediglich unterscheidet, dass wir uns über unsere Gedanken Gedanken machen können. Genau in diesem Unterschied liegt unsere wichtigste Ressource und Fähigkeit: Wir können eine neue Meinung annehmen, wir können uns verändern! Um das zu veranschaulichen: Dein Gehirn hat nur ungefähr zwei Prozent deines Körpergewichts, verbraucht aber zwanzig Prozent deines Sauerstoffs. Was in deinen Gehirnwindungen vor sich geht, hat demnach durchaus Sinn! Vollziehst du allerdings unkontrolliert und automatisiert das, was das Gehirn seiner Natur entsprechend gern tut – nämlich deinen Fokus auf Angst auszurichten, anstatt dafür zu sorgen, dass du für dich glücksbringend handelst –, dann findest du dich in Mustern wieder, die dich in deiner Komfortzone bleiben lassen, aber dich nicht dauerhaft glücklich machen werden.

Die wichtigste Information dazu lautet:

Dein Gehirn ist nicht dafür gemacht, für dein Glück zu sorgen, sondern für dein Überleben.

Deshalb hat es dein innerer Tyrann von Anfang an so einfach gehabt. Immerhin verfolgt er dasselbe Ziel.

Wenn du nicht länger leiden, sondern deine Probleme lösen willst, wenn es dir ernst damit ist, glücklicher werden zu wollen, musst du deinen inneren Tyrannen – und mit ihm all seine Follower, wie im oben genannten Beispiel die betreffende Freundin mit dem negativen Männerbild – mundtot machen. Nur so kann sich etwas verändern – womit wir wieder bei deiner Komfortzone wären, die du ebenfalls verlassen wirst müssen, um dich von deiner dich limitierenden Weltanschauung zu befreien, die dir dein innerer Tyrann aufgezwungen hat: Damit du lernst, außerhalb dieser Komfortzone zu leben, die er für dich geschaffen hat, musst du sie in einem ersten Schritt verlassen, um dich in der Welt außerhalb des Teppichs zurechtzufinden. Die Komfortzone bietet wie das gewohnte Umfeld natürlich auch Vorteile: Erhalten Menschen eine medizinische Diagnose für ihr Problem – etwa »Ich bin bipolar« oder »Ich bin depressiv« –, dann bekommen sie damit wenigstens eine Erklärung, warum sie sich fühlen, wie sie sich fühlen. Vielleicht gewinnen sie damit sogar Aufmerksamkeit oder gar Zuwendung von anderen. Deshalb bleiben sie nachvollziehbarerweise lieber in ihrer Komfortzone und unter ihresgleichen, als beides zu verlassen und damit zu riskieren, all das Gute daran zu verlieren.

Fest steht allerdings: Nur wenn du immer wieder über deine Grenzen gehst, kann dieser neue Bereich langsam zu deiner Komfortzone werden – und diesmal würde es sich um eine von dir selbst gewählte handeln, sofern du deinen inneren Tyrannen nicht hast mitentscheiden lassen. Der Weg dorthin ist ein steiniger, der dir Mut und Durchhaltevermögen abverlangt, da du völliges Neuland betreten und dich vom Gewohnten verabschieden musst. Aber du hast das mindestens schon einmal erfolgreich geschafft, denn:

Unser Leben beginnt mit dem Verlassen der Komfortzone.

Jeder Säugling muss sich aus dem Mutterleib durch einen engen Geburtskanal aus der bekannten, warmen Umgebung drücken – in eine ungewisse, kalte, graue Welt. Dieser Weg ist mit Schmerzen verbunden, weil es eine Menge Widerstand gibt, und erst dann entsteht eine neue Art von Leben. Im Bauch der Mutter hat ein Baby kein Konzept davon, was »Eltern« sein sollen, und sofort nach der Entbindung muss das gerade noch durch die Nabelschnur mit der Mutter verbundene Neugeborene lernen, selbstständig mit seinen Lungen zu atmen, um zu überleben. Was könnte heftiger sein als dieses erzwungene Verlassen der ersten Komfortzone, die ein menschliches Wesen kennengelernt hat?!

Warum dich die Endlichkeit des Lebens irritiert

Neben der Geburt gibt es eine zweite Lebenssituation, in der wir einen unwiderruflichen Schritt über eine Grenze machen: beim Sterben. Wenn wir uns von dieser irdischen Welt verabschieden, verlassen wir unsere gewohnte Komfortzone für immer. Der Tod ist ein Fakt. Dessen ungeachtet versuchen wir in unserer westlichen Kultur ein Leben lang, ihn zu verdrängen, nicht auf diese Tatsache hinzuschauen, dieses Thema auszublenden.

Dabei gibt es keinen besseren Coach als den Tod.

Vor dem Hintergrund der Tatsache, dass unser Leben endlich ist und deshalb mit Sicherheit eines Tages enden wird, könnten wir nämlich glasklar erkennen, was wesentlich ist und was nicht. Diesem Gedankengang wollen wir dennoch ausweichen, weil wir nicht gelernt haben, konstruktiv damit umzugehen. Dabei gebe es andere Wege: Es gibt Kulturen, in denen die Menschen den Tod willkommen heißen und zelebrieren, ja sogar ein großes Fest feiern, nachdem jemand aus ihrer Mitte gestorben ist. Sie feiern buchstäblich so laut, dass der Verstorbene hören kann, wie gut es weitergegangen ist. Für sie ist der Tod zwar das Ende des Lebens, nicht aber gleichzeitig das Ende der Beziehung zu einem Menschen. Der Umgang mit Trauer und Verlust in solchen Kulturen ist ein komplett anderer als bei uns, wo wir das Gefühl haben, am Abgrund zu stehen, wenn jemand, den wir lieben – oder wir selbst – dieses Leben verlassen muss. Und so wehren wir uns gegen die Auseinandersetzung mit der Endlichkeit des Lebens – und das tun manche so lange, bis es zu spät ist. Denn das Naturgesetz ist ein unausweichliches:

Der Preis fürs Leben ist das Sterben.

Das gleiche Prinzip gilt für alle Lebensbereiche: Der Preis für Liebe ist Liebeskummer. Der Preis für das Gute ist das Schlechte – der Preis fürs Helle ist das Dunkle. Nimmst du das eine, musst du auch das andere nehmen. Wenn du die negativen Anteile einer Person oder einer Situation nicht annimmst, hast du ein Problem, weil das Leben nun mal in dieser Dualität aufgebaut ist und wir so gesehen gar nicht aus können. Lehnst du somit diesen Istzustand ab, dann lädst du damit deinen inneren Tyrannen ein, sich in deinem Kopf und deiner Gedankenwelt laufend breiter zu machen.

Die Wurzel des Übels: Wir wollen uns stets nur mit den

hellen Seiten beschäftigen, mit dem Angenehmen, wir wollen den Schmerz nicht spüren, wir weigern uns, das Dunkle anzuerkennen – weder in uns selbst noch in den anderen. Vermeidest du aus dieser Haltung heraus, auf die Schattenseiten, auf das Leid, auf den Kummer zu schauen, so führt das auf Dauer zu einer Vormachtstellung deines inneren Tyrannen, weil du ihn dadurch darin nährst, dir einzuflüstern, ständig zwischen »gut« und »böse« zu unterscheiden. Die Wahrheit ist aber, dass das eine zum anderen gehört und die beiden eins sind.

Für alles gilt: Es ist, was es ist – nicht mehr und nicht weniger. Wer der Versuchung erliegt, die eine Seite der Menschen und Begebenheiten unablässig auszublenden, wird sich unheimlich schwertun, das Leben zu genießen. Wir wollen es deshalb noch mal auf den Punkt bringen:

Die Angst vor dem Tod wird dich vielleicht nicht richtig leben lassen – aber sie wird nicht verhindern, dass du stirbst.

Dieses Prinzip zieht sich durch sämtliche Lebenslagen: Ein Spitzensportler etwa muss die Misserfolge mitkaufen, muss fähig sein zu verlieren. Andernfalls wird er kein dauerhaft erfolgreicher Sportler – weil eben beides dazu- und zusammengehört: Erfolg und Misserfolg, Licht und Schatten. Genauso sieht es für Firmengründer aus: Der Preis fürs Unternehmertum sind Pleiten, Pech und Pannen. Darum ist es in unserer fehlerunfreundlichen Gesellschaft eine immens große Herausforderung, sich in die Selbstständigkeit zu wagen, weil die Menschen unseres Kulturkreises ständig Angst haben, Fehler zu machen oder zu scheitern.

Um auch einen privaten Bereich heranzuziehen: Der Preis, einen Partner fürs Leben zu finden, ist, möglicherweise abgelehnt zu werden. Du kannst jedoch nur im Meer der Liebe schwimmen, sofern du die Angst vor dem Ertrinken hinter dir lässt. Mit »Ertrinken« ist in diesem Bild freilich der Verlust gemeint, das Verlieren des anderen, der Liebe, der Beziehung: Erst wenn du die Liebe verlieren kannst, ist es dir möglich, dich in diesem Gefühl und in einer Partnerschaft zu verlieren – und folglich alles zu gewinnen.

Schwimmen, ohne nass zu werden, ist nämlich unmöglich.

Um noch besser zu verstehen, worum es uns hier geht, folge diesem Gedankengang: Wir haben eine gewisse Lebensspanne, die mit unserer Geburt beginnt und mit unserem Tod endet. Auf der Strecke dazwischen, die unser Leben ausmacht, erfahren wir mehr oder weniger Einschneidendes. Das sieht naturgemäß bei jedem anders aus, aber klischeehaft klassische Ereignisse sind: Schulabschluss, Heirat, Karrieresprung, Haus bauen – und dazwischen gibt es unter Umständen einige negative wie Krankheit, Entlassung, Arbeitslosigkeit, Verlust von Besitz oder noch Schlimmeres. Viele Menschen erleben die Spanne zwischen Geburt und Tod hauptsächlich in diesen … nennen wir sie neudeutsch »Events«. Für sie lautet die unbewusste Formel: Das Leben = Events. Die aussagenlogische Folgerung daraus: Wenn du tolle Höhepunkte hast, hast du ein ebenso tolles Leben. Diesen Irrtum möchten wir hier aufklären:

Das Leben ≠ Events, sondern: Das Leben = Emotion.

Leben ist nicht, was passiert, wenn wir beim nächsten positiven Event angekommen sind. Leben ist, was auf der Strecke dorthin passiert. Und: Wie sich unser Leben für uns anfühlt, ist nicht vorwiegend von diesen einzelnen Events abhängig, sondern davon, wie wir sie bewerten. Das ist natürlich insofern problematisch, als jemand eben vorwiegend positive oder vorwiegend negative Events in seinem Leben wahrnimmt bzw. sie als solche bewertet, je nachdem, worauf sein innerer Tyrann programmiert ist. Denn es geht stets nur darum, wie wir uns wobei auch immer fühlen – in jeder Sekunde unseres Lebens. Egal, was wir tun oder was uns widerfährt: Ob wir jemanden heiraten, uns scheiden lassen, ob wir ein teures Auto kaufen oder das schicke Penthouse mieten, ob wir eine neue Arbeitsstelle antreten oder uns um eine Gehaltserhöhung bemühen – wir tun alles für eine Emotion, um uns auf eine bestimmte Art und Weise zu fühlen. Aus diesem Grund geht es eben unterm Strich nur um eine Frage:

Managst du deinen inneren Tyrannen oder managt er dich?

Die Buddhisten unterscheiden diesbezüglich im übertragenen Sinne zwischen *»Reitest du den Tiger oder reitet der Tiger dich?«* Das meint nahezu dasselbe: Menschen, die sich als Opfer ihrer Lebensumstände empfinden, haben einen Tyrannen in ihrem Kopf, der dafür sorgt, dass sie (sich) irgendwann willenlos aufgeben. Unserer Erfahrung nach betrifft das die meisten Menschen in unseren Breitengraden. Solche Menschen werden von ihrem inneren Tyrannen getrieben, befinden sich gefühlt immer auf der Suche nach etwas – sei es das neueste Smartphone-Modell oder ein prickelndes sexuelles Abenteuer – und verschieben das Glück auf den nächsten Urlaub oder das Lebensziel auf die Pension. Jeder, der einem solchen inneren Tyrannen unterworfen ist, leidet in Wahrheit. Und das wird so bleiben, sofern er sich nicht gegen ihn auflehnt und das Ruder selbst in die Hand nimmt.

Denn wer nichts verändert, für den wird sich nichts ändern.

TEIL 2

DÜRFEN WIR ENTLARVEN: DIE MARIONETTE DEINES INNEREN TYRANNEN!

Wie dein innerer Tyrann über dein Glück bestimmt

Dein innerer Tyrann verleitet dich dazu, grundsätzlich in einer falschen Reihenfolge zu denken: »*Ich verhalte mich auf eine Art und Weise, um etwas Bestimmtes zu erreichen – und dann fühle ich mich so, wie ich es mir wünsche.*« In Wirklichkeit ist es andersherum: Du hast ein Gefühl, aus dem heraus du ein gewisses Verhalten an den Tag legst, das dazu führt, dass du etwas Bestimmtes erreichst. Sehen wir uns das genauer an!

Das, was du in Bezug auf jede erdenkliche Situation in deinem Leben als »wahr« anerkennst, entspringt vorwiegend den Beeinflussungen durch deinen inneren Tyrannen. Er legt diverse Filter über deine Wahrheit, die dir das Leben erschweren und dafür sorgen, dass du dir und deinem Glück regelmäßig selbst im Weg stehst. Diese Filter werden wir uns nun einen nach dem anderen vornehmen:

1. Filter: *der Zustand, in dem du dich befindest:* Es macht einen Unterschied, ob du ein Gespräch – mit deiner Chefin, einem Kunden, deinem Partner oder einem Elternteil – wütend, gestresst und emotional aus dem Eck heraus führst, oder entspannt, gelassen und zuversichtlich, dass etwas Gutes dabei herauskommen wird. Dabei ist die eigene Verfassung sogar wertvoller als jede Strategie, denn nur in deinem bestmöglichen Zustand kannst du das Beste erreichen.
2. Filter: *die Interpretation deiner bisherigen Erfahrungen:* Wahrscheinlich denkst du in folgender Kausalitätskette: »*Weil ich das und das erlebt habe, geht es mir heute so und so.*« Die wichtige Erkenntnis: Das stimmt nicht! Nicht jeder, dem Ähnliches widerfahren ist, hat dasselbe wie du daraus gemacht. Es könnte dir folglich heute trotz deiner Erfahrungen ganz anders (besser wie auch schlechter) gehen.

3. Filter: *was du für möglich und für nicht möglich hältst:* Was du dir selbst und anderen Menschen zutraust, treibt dich im Leben in eine bestimmte Richtung. Wenn dir jemand etwas sagt, das du nicht glaubst und nicht annehmen kannst, weil es dein dir von deinem inneren Tyrannen gezeichnetes Weltbild erschüttern würde, sorgt er dafür, dass du dich dieser Information gegenüber verschließt. Du entscheidest somit nicht wirklich selbst.

Mithilfe dieser Filter hat dein innerer Tyrann bis heute größere Veränderungen in deinen Lebensmustern sabotiert. Deine Befindlichkeit, die Interpretation deiner bisherigen Erfahrungen und das, was du für möglich und unmöglich hältst bzw. dir und anderen zutraust, stehen dir im Weg, indem sie verhindern, dass du offen für eine neue Wahrheit bist. Inwieweit deine vergangenen Erlebnisse dein heutiges Leben tatsächlich beeinflussen, werden wir jetzt genau durchleuchten.

Du lernst nur, wenn es wehtut

In deiner Vergangenheit ist bestimmt das eine oder andere vorgefallen, das dich bis zum heutigen Tag belastet: beispielsweise wurdest du gekündigt und bist deshalb nach wie vor wütend und gekränkt; oder du wurdest von deinem Partner verlassen und bist nachhaltig enttäuscht und verletzt. Sollte das nun schon einige Monate oder gar Jahre her sein, aber du leidest immer noch darunter, so hast du das Erlebnis nicht gänzlich verarbeitet – oder die Person noch nicht losgelassen, in die du verliebt warst. Was dich an das Geschehnis oder den Menschen bindet, ist konkret Ärger, Wut, Traurigkeit, Furcht oder Schuld. Damit lässt es sich nicht gerade leichtfüßig in die Zukunft gehen. Möglicherweise fehlt dir dadurch auch die Lernerfahrung aus dieser vergangenen Situation. Das ist immer dann der Fall, wenn du deinen eigenen Anteil am Geschehen noch nicht annehmen wolltest, durch die negativen Empfindungen an die Person, die dir das »angetan hat« gebunden bist und nicht hinschauen kannst auf deine Mitverantwortung, sondern den anderen als alleinig »Schuldigen« verteufelst.

Wir reflektieren nicht, bis wir es müssen – und das ist dann mit Schmerz verbunden. Schmerz ist immer ein Anzeichen dafür, dass etwas nicht stimmt.

Deshalb setzen sich viele erst mit sich und ihrem Eigenanteil an ihren Problemen auseinander, wenn sie psychisch am Boden liegen und spüren, dass es so nicht weitergehen kann. Gerade im Bereich der persönlichen Beziehungen bist du aber nur gescheitert, wenn du die Lernerfahrung daraus nicht mit in dein weiteres Leben nimmst. Ist jemand etwa in jeder Partnerschaft aufs Neue eifersüchtig und wird irgendwann tatsächlich betrogen, birgt das die Gefahr, dass sich dieses Muster von Paarbeziehung zu Paarbeziehung zieht und mehrfach wiederholt, bis der dahinterliegende Glaubenssatz, den der innere Tyrann ständig von sich gibt, erkannt und aufgelöst werden kann, damit das daraus resultierende Muster gelöscht wird.

Gelingt es Menschen, jemanden oder eine Situation loszulassen, dann haben sie die Lernerfahrung daraus identifiziert, dankbar angenommen und damit dem Negativen eine positive Bedeutung gegeben. Dadurch wird es machbar, das Vergangene ziehen zu lassen und ohne das alte Muster in die Zukunft zu gehen. Ohne Ärger, Wut, Traurigkeit, Furcht oder Schuld verstummt der innere Tyrann, weil es nichts gibt, wovor sein Schützling gewarnt oder beschützt werden müsste. Die zentrale Frage im oben genannten Beispiel dazu lautet: »*Was wäre besser, als eifersüchtig zu sein und Angst zu haben, betrogen zu werden, damit ich Treue in mein Leben ziehen kann?*« Dazu später mehr.

Die tragischsten Ereignisse bergen die größten Lernerfahrungen: Wenn du durch das Tal der Tränen gehen musstest, wird sich im Nachhinein herausstellen, dass das nicht der Stein war, der dich begraben hat, sondern die Stufe geworden ist, auf die du nun steigen kannst, weil du über dich hinausgewachsen bist und dich entwickelt hast.

Schmerz und Begeisterung sind das Wasser in der Gießkanne für die Synapsen im Gehirn.

Der Negativkreislauf der Angst

Aus Angst zu reagieren bedeutet, etwas abzuwehren und abzulehnen, anstatt es in Liebe anzunehmen. Liebe ist so gesehen eine Lebensphilosophie – ein geistiges, ethisches, spirituelles Konzept: die Dinge und die Menschen so annehmen zu wollen, wie sie sind. Das haben wir allerdings nicht in die Wiege gelegt bekommen, weshalb es notwendig ist, einiges am bisher abgelaufenen System kritisch zu hinterfragen.

Nicht nur, dass du – wie beinahe jeder von uns – mit hoher Wahrscheinlichkeit völlig unbewusst handelnde Eltern hattest, du hast zusätzlich die Erfahrung einer Schule des 20. Jahrhunderts gemacht. Diese Schule als Institution ist provokant gesagt nichts anderes als eine paramilitärische Einrichtung, die vorrangig dazu da ist, zu verhindern, dass der »kleine Mann« auf die Idee kommt, sich gegen die Obrigkeit aufzulehnen. In diesem Schulsystem werden Kinder nicht dazu erzogen, mündig, selbstständig, selbstbewusst, selbstsicher oder gar wirtschaftlich erfolgreich zu werden. Im Gegenteil geht es darum, alle Schüler auf ein Mittelmaß hinzutrimmen, auf eine Norm, die dazu dient, gute Staatsbürger aus ihnen zu machen – und in diesem Bereich ist es nicht wichtig, glücklich zu sein, aber üblich, Angst zu haben. Unterm Strich wird in dieser Einrichtung dafür gesorgt, alle Nachwuchsbürger zu »braven Soldaten« zu erziehen, indem es um eine Erziehung zum allgemeinen Durchschnitt hin geht, die auf Eigenarten und Besonderheiten zu wenig Rücksicht nimmt. Was fehlt, ist die hinreichende Beantwortung der Frage, warum sie etwas lernen – und das Wecken von Neugier und Entdeckergeist. *Autorität* und *autoritär* sind unterschiedliche Dinge, wenn es im Krieg darum geht, dass ein »Alles hört auf mein Kommando!« funktioniert, indem alle sofort rennen und keiner diesen Befehl hinterfragt. Doch in Friedenszeiten ist das weder wirtschaftlich noch entwicklungstechnisch förderlich. Die Führung als Chef gelingt besser, wenn wir Autorität beweisen, anstatt uns autoritär zu verhalten: Sinnvolle Aufträge zu erteilen, vergrößert den eigenen und den Handlungsspielraum eines Auftragnehmers. Im Idealfall machen Menschen ihren Job nicht völlig talentfrei, sondern tun, was ihnen liegt und gefällt. In der Schule wird allerdings weitgehend unabhängig von Begabung und Interesse erzogen. Der Umgang mit Geld, Beziehungsmanagement und Gruppendynamik werden kaum bis gar nicht unterrichtet. Die künftigen Erwachsenen lernen zwar Formeln für Chemie, den Satz des Pythagoras und Wissensdetails, haben aber keine Ahnung, wie sie beziehungsfähig werden, eine erfüllte Partnerschaft führen und Kinder bestmöglich großziehen sollen. Selbstverständlich ist es wichtig, ein gemeinsames Werte- und Regelsystem zu kennen und sich auf ein gesellschaftliches Wohl zu einigen (Familienwerte, Firmenregeln, Landesgesetzgebung). Das wird aber nur funktionieren, sofern die Betroffenen wissen, warum etwas sinnvoll ist und wann es besser wäre, diese Regeln infrage zu stellen und gegebenenfalls auch zu brechen:

Never change a running System until you have to change it!

Wir wissen jedenfalls längst, dass eine Schule anders aussehen müsste, um glückliche, selbstbestimmte Erwachsene hervorzubringen – aber das ist ein Thema für ein eigenes Buch, weshalb wir an dieser Stelle zurück zum Istzustand kommen: Der unglückselige Kreis rund um die Angst schließt sich, wenn wir uns vor Augen führen, dass deine Eltern dem gleichen (meist noch engeren) System ausgeliefert waren und darum bereits ihren inneren Tyrannen mit sich herumschleppen mussten, bevor sie dich in die Welt gesetzt haben. Das hat sicherlich zum einen oder anderen Trauma in deiner Kindheit geführt, was einen fruchtbaren Nährboden für Angst und den inneren Tyrannen geboten hat. Wir haben weiter vorn schon erklärt: Ein Trauma manifestiert sich, wenn dir etwas passiert, womit du nicht gerechnet hast. Platt gesagt ist es kein Trauma für ein Kind, vom Vater für die schlechte Note auf die Schularbeit gescholten zu werden, sofern es damit rechnen konnte und darauf vorbereitet war. Kommt es aber nach Hause und muss grundlos bzw. ohne Vorwarnung eine Schimpftirade über sich ergehen lassen, so ist das eine traumatische Erfahrung, die im Kurzzeitgedächtnis bleibt – weil erinnert wird, was wehgetan hat. Dieser Vorgang ist nichts anderes als ein energiesparendes System des Gehirns, das unser Überleben sichert und damit unserem Schutz dient. Das bedeutet: Dieses Kind wird ab diesem Moment sehr wahrscheinlich permanent auf der Hut sein, was selbstverständlich puren Stress für das Gehirn darstellt. Diese Traumata bilden die Basis dafür, dass der innere Tyrann wachsen, gedeihen und sich an jeder weiteren, das Trauma wiederholenden Erfahrung sattessen kann. Das Fatale: Je weiter die Erwartungshaltung einer Situation gegenüber und die dann eintretende Realität auseinanderklaffen, desto stärker wird das traumatische Erlebnis ausfallen – und die meisten dieser Begebenheiten können wir nicht beeinflussen, weil das Leben nun mal tragische Geschichten schreibt. Wenn du etwa einen guten Freund hast und der völlig unvorhergesehen stirbt, ist das extrem traumatisch – auch noch im Erwachsenenalter –, weil du nicht damit gerechnet hast. Musst du deinem Freund hingegen langsam beim Sterben zusehen, ist das ebenfalls furchtbar, keine Frage – aber du kannst dich Stück für Stück an den Gedanken gewöhnen, dass er bald nicht mehr da sein wird. Sein Tod bedeutet zwar dennoch einen Schicksalsschlag für dich, aber keinen, der mit einem Trauma einhergehen muss. Das Auseinanderbrechen einer Liebesbeziehung kann unter den Voraussetzungen der Formel für Traumata *(Erwartungshaltung ≠ Realitätserfahrung)* ebenfalls einen schweren Schock auslösen, der dem inneren Tyrannen dann Stoff fürs restliche Leben gibt: Hast du dich in der Sicherheit einer glücklichen Beziehung gewähnt, weil für dich alles eitel Sonne war, wird es traumatisch sein, sollte dein Partner dir wie aus dem Nichts offenbaren, er werde sich von dir trennen, weil er sich von dir entliebt und/oder in jemand anderen verliebt hat. Erwachsene können aber grundsätzlich besser mit traumatischen Ereignissen umgehen als Kinder, weil ihnen klar ist, dass ihr Leben trotz des Schicksalsschlags weitergehen wird, was ein Kind noch nicht verinnerlicht hat. Löst etwa im Kindesalter ein kinästhetischer Reiz eine Emotion aus, die gemeinsam mit anderen Repräsentationssystemen reagiert, entstehen besonders tief sitzende Traumata, die in weiterer Folge eine Phobie auslösen können. Das kann beispielsweise so ablaufen: Ein kleines Kind spielt auf dem Fußboden mit Bauklötzen. Im selben Raum hält sich auch der Hund der Familie auf, und weil Hunde das natürliche Bedürfnis haben, auf Menschen zuzulaufen – erst recht, wenn sie auf Augenhöhe sind –, tut er genau das, was seiner Natur entspricht: Er läuft auf das Kind zu, springt ihm verspielt an den Beinen hoch, schleckt es vielleicht noch ungestüm ab, während die Mutter den Hund schimpfend und »Aus, geh weg!« schreiend hergelaufen kommt – und schon ist die Hundephobie geboren! Warum? Weil dermaßen viele Sinne gemeinsam an dieser Situation beteiligt waren: Das Kind hat einen kinästhetischen (Berührungen und Abschlecken durch den Hund), einen olfaktorischen (den Geruch des Hundes), einen visuellen (den Anblick des Hundes) und einen auditiven Reiz (das Geschrei der Mutter) gleichzeitig erhalten. Das ist ideales Futter für den inneren Tyrannen!

Du kannst dir womöglich gar nicht vorstellen, was alles Angst in uns Menschen auszulösen vermag, einfach aufgrund einer solchen traumatischen Erfahrung. Um dir zu veranschaulichen, dass es praktisch nichts gibt, wovor Kinder keine Ängste entwickeln könnten, folgendes Beispiel: Ein kleiner Junge wird in einen Autounfall verwickelt, bei dem ein flacher Karton auf ihn fällt. In diesem Moment werden diese zwei Abläufe miteinander verknüpft und im Gehirn wird abgespeichert: *»Flache Kartons können gefährlich sein!«* Die Konsequenz: Dieses Kind wird möglicherweise zu einem Mann werden, der panische Angst vor Pizzakartons hat. (Diese Geschichte ist keine erfundene!)

Eine wichtige Lektion zum Wesen der Angst lautet:

Alle Handlungen, die aus Angst entstehen, erzeugen immer nur mehr Angst.

Unabhängig davon, ob sie einer guten Absicht entspringen oder nicht – es kann nichts Gutes dabei herauskommen.

Darum ist es so wichtig, es sich zu einer Gewohnheit zu machen – bis der innere Tyrann sich vertreiben hat lassen –, sich in jeder Situation des Lebens zu fragen: »*Mach ich das jetzt aus Angst oder aus Liebe?*« Fakt ist: Alles, wovor wir Angst haben, alles, wogegen wir kämpfen, alles, womit wir im Widerstand sind, wird größer.

Auch wenn du dich gegen dich selbst und das, was du empfindest, wehrst, anstatt dich mit deinen Gefühlen anzunehmen, ist das nicht anders: die betreffenden Gefühle werden mehr, werden stärker. Das kannst du dir vorstellen, als würdest du zunächst einen Gartenzaun errichten, um dich mit deinem Grundstück klarer von der Außenwelt abzugrenzen, weil du Angst davor hast, dass wildfremde Menschen durch deinen Garten spazieren könnten. Doch dann hast du den Eindruck, der Zaun wäre eigentlich zu wenig hoch, also lässt du eine Mauer an seiner Stelle bauen. Setzt du dich mit deiner Angst vor Eindringlingen nicht auseinander, wird dir die Mauer eines Tages gefühlt zu wenig Sicherheit bieten, weshalb du einen Wall hochziehen lässt, dem du einen Stacheldraht aufsetzt, durch den du irgendwann Strom schießt, damit nicht mal die Vögel aus dem Wald sich noch auf ihm niederlassen können. Was wird wohl zeitgleich jeweils auf der Gegenseite passieren? Wenn die Menschen und Tiere von außen beobachten, wie du dich und dein Haus immer stärker verbarrikadierst, wird in ihnen ebenfalls die Angst wachsen. Dieser Umstand folgt einfach dem Naturgesetz, dass alles, wogegen wir im Widerstand sind, größer werden muss. Auf unsere Gesellschaft umgemünzt, sieht das so aus: Wir kämpfen gegen Drogen, wir kämpfen gegen Gewalt, wir kämpfen dagegen, dass Teenager Kinder kriegen, wir kämpfen gegen den Terror – und all das wird unterm Strich mehr.

Wir leben zudem in einer Kultur, in der versucht wird, Schmerz zu vermeiden. Das Schwierige daran: Ausschließlich im Schmerz und in der Liebe löst sich das Ego auf. Dadurch können wir in den Zustand gelangen, den die Buddhisten »Erleuchtung« nennen. Gehen wir liebevoll mit jemandem um, anstatt mit Angst auf ihn zuzugehen, kann ihn das mutig machen, sozusagen zum Mut ermutigen.

Die weiteste Entfernung im menschlichen Körper ist die vom Kopf zum Herzen.

Dazwischen liegen all unsere Blockaden: alles, was wir ablehnen; alles, was wir abwehren; alles, was wir nicht wollen. Und genau dort entsteht all der Schmerz, den wir im Leben erleiden – beruflich wie privat, physisch wie psychisch, aber vor allem in der Beziehung zu uns selbst.

Die Formel dazu ist ganz einfach: Alles, was du in dir selbst noch nicht annehmen konntest, kannst du auch im Außen nicht annehmen. Nochmals als Erinnerung:

Alles, wogegen du im Widerstand bist, wird stärker.

Die Sache mit der Selbstliebe

So traurig das klingen mag: Für viele Menschen ist es die größte Herausforderung ihres Lebens, sich selbst anzunehmen und lieben zu lernen. Wer seine eigenen Schattenseiten nicht akzeptiert, einen bestimmten Teil an sich ablehnt – egal, ob körperliche oder Charaktereigenschaften –, der wird andere Menschen, die ihm diesbezüglich ähnlich sind und ihn an diesen missachteten Teil erinnern, ebenfalls ablehnen, nicht mit ihnen können.

Alles, was dich trifft, betrifft dich.

Alles, was dich am anderen stört, ist nur etwas, das dir deine eigenen Unzulänglichkeiten spiegelt. Dass das so bleibt, dafür sorgt dein innerer Tyrann, solange du es ihm erlaubst. Für alle Teile, die du an dir selbst noch nicht liebst, wirst du andere Menschen verurteilen, weil sie dir im Außen zeigen, was in deinem Inneren noch nicht sein darf. Darum ist es notwendig, auf diese Schattenseiten hinzuschauen, die Teil des größeren Ganzen sind, aber noch nicht zum Vorschein kommen dürfen, weil du es ihnen nicht erlaubst, weil du sie nicht haben, nicht anerkennen möchtest. Selbstverständlich ist das alles andere als einfach. Dieser Prozess des Annehmens ist sogar die Königsdisziplin der Persönlichkeitsentwicklung – du darfst demnach geduldig mit dir sein. Ohne die Fähigkeit der Selbstliebe wirst du aber nie wirklich bei dir ankommen, sondern ewig von deinem inneren Tyrannen unterdrückt werden, denn alles, wogegen du kämpfst, was du nicht sehen willst, was du nicht leiden kannst, was du unterdrückst, wird von seiner Energie her mehr werden und dich mit den Jahren immer stärker belasten. Es ist darum der wohl bedeutendste aller Schritte, dich auf die Selbstliebe einzulassen und diese Aufgabe mit der nötigen Vehemenz und Ernsthaftigkeit anzugehen. Dich selbst lieben zu lernen, wird dich nicht nur ausgeglichener und glücklicher machen – es ist außerdem die Voraussetzung für deine Beziehungsfähigkeit und damit für eine erfüllende Partnerschaft, der wir uns an späterer Stelle noch eingehend widmen werden.

Starte mit diesem wichtigsten aller Lernprozesse, indem du dich ausführlich mit folgenden beiden Fragen beschäftigst:

- Was liebe ich nicht an mir?
- Was hat dieser Anteil mir aber bisher Gutes gebracht?

Danach beende diese Sätze für dich:

- Ich liebe mich, obwohl ich ...
- Ich bin es wert, geliebt zu werden, auch wenn ich ...

Nachdem du die Antworten und Gedanken dazu verinnerlicht hast, darfst du aufhören, dich selbst für deine eigenen Unzulänglichkeiten zu verachten, zu hassen, zu schimpfen, abzulehnen und gedanklich zu prügeln, und damit beginnen, dir selbst eine gute Freundin oder sogar Mutter zu sein – vielleicht genau die, die du dir gewünscht hättest und nie hattest. Lerne durch das aktive Hinsehen auf dich als Ganzes deine Schattenseiten kennen, und lerne sie anzunehmen! Auf Seite 197 im Übungskapitel findest du noch eine ausführliche Methode, Selbstliebe zu lernen.

Vielleicht hilft dir auch diese Überlegung dabei: Sich selbst abzulehnen, hat noch niemanden schöner, schlanker, fitter, beliebter, erfolgreicher oder gar glücklicher gemacht. Verurteilst du dich für deine Fehler, führt das im Gegenteil dazu, dass du dich innerlich unwohl und schwach fühlst, dass du dich zerrissen fühlst wegen dem, was du willst, aber nicht kannst – und dann können keine besseren Dinge daraus entstehen.

Wer sich selbst liebt, den können andere gern haben.

Je besser du mit dir selbst auskommst, desto weniger wirst du auf deinen inneren Tyrannen hören (müssen), und nebenbei wirst du nicht mehr darauf angewiesen sein, dass andere dich mögen. Ohne den Druck, Everybody's Darling sein zu wollen, wird es dir mehr und mehr gelingen, dein wahres Ich zu entdecken und es auch gut auszuhalten, wenn dich irgendjemand nicht leiden kann.

Dein innerer Tyrann in sämtlichen Lebensbereichen

Wir haben weiter vorn bereits die unterschiedlichen Rollen besprochen, die du in deinem Leben einnimmst und spielst. Sie sind jenen eines Berufsschauspielers nicht unähnlich: Für jede Einzelne gibt es ein Drehbuch – und der Souffleur in Gestalt deines inneren Tyrannen sagt dir leise die Passagen ein, wenn du einen Texthänger hast. Das Skript für jede Rolle hast du von klein auf gelernt und dir damit derart einverleibt, dass du tatsächlich glaubst, du *bist* diese Rollen. Darum ist es so wichtig, dass dir Folgendes klar wird: Du bist nicht deine Gedanken. Du bist nicht deine Gefühle. Du bist nicht deine inneren Rollen.

Du bist nicht deine innere Stimme – du bist nicht dein innerer Tyrann! Du bist lediglich die Wahrnehmung all dieser Dinge.

Diese Wahrnehmung kannst du dir vorstellen wie die Software eines Computers, die irgendwann installiert wurde. Dein Programm, dein Skript, das dir dein innerer Tyrann vorspielt, bist nicht du! Diese Software enthält außerdem viele Fehler, wodurch du immer wieder die gleichen Verhaltensweisen an den Tag legst, in den gewohnten Mustern gefangen bleibst und dich jedes Mal ähnlich verhältst, weil dein innerer Tyrann dir das so einsagt und du wie in einem Impuls darauf reagierst. Das ist der Grund dafür, warum dir immer wieder dasselbe passiert.

Ein Klassiker dieses Muster betreffend sind Menschen, die zeit ihres Lebens an den »falschen Partner«, wiederholt an »dieselben Männertypen/Frauentypen« geraten. Was steckt hinter einer solchen angeblichen Pechsträhne aber wirklich? Jemand zeigt der betroffenen Person ein Thema auf, aber diese erkennt nicht, dass die Auswahl an Beziehungspartnern aus einer Angst heraus oder aus einem Muster aus der Vergangenheit mehrfach wiederholt wird, weil der innere Tyrann genau dafür sorgt, dass dieses Lebensthema sich regelmäßig bemerkbar macht. Das kann nur aufhören, wenn es bearbeitet und gelöst worden ist. Falls es dir ähnlich gehen sollte, ist es wichtig für dich, zu realisieren:

Wir bekommen Dinge im Leben so lange präsentiert, bis wir sie bemerken.

Das gilt freilich für alle Bereiche, nicht nur für die Liebe – die Beziehungsmuster sind bloß von außen betrachtet die auffälligsten. Im Folgenden werden wir uns darum die einzelnen Gebiete deines Lebens vornehmen, um dich noch tiefer in das System deines inneren Tyrannen eintauchen lassen, auf dass du ihn immer besser durchschauen kannst.

Every day's the same! Dein innerer Tyrann im Alltag

Du hast es gerade eilig, musst noch etwas aus der Bäckerei nebenan besorgen, stehst schon eine Weile an und wartest, bis du endlich dran bist – da drängelt sich jemand vor, als gefragt wird: »Wer ist der Nächste, bitte?« Und schon fühlst du dich übergangen, benachteiligt und verärgert. Diese Empfindungen schleppst du vielleicht einige Stunden oder den ganzen Tag lang mit dir herum, denn dein innerer Tyrann sorgt dafür, dass dir zig ähnliche Situationen einfallen, in denen du schon mal übervorteilt wurdest. Oder du hast ein unangenehmes Gespräch mit einem Arbeitskollegen, in dem er dir – aus deiner Sicht ungerechtfertigt – etwas vorwirft.

Sofort ruft dein innerer Tyrann viele weitere Momente aus deiner Vergangenheit ab, in denen du dich gekränkt hast, weil dir jemand unrecht getan hat. Schmerzvolle Emotionen sind die unmittelbare Folge dieser Gedanken. Darum wollen wir uns nun gemeinsam ansehen, wie sich das in Zukunft anders gestalten lässt.

Um deinen inneren Tyrannen zum Schweigen zu bringen, ist es notwendig, dorthin zu schauen, wo all dein Schmerz entsteht, wo deine Probleme ihren Ursprung haben. Wir haben bereits besprochen: Solange du dich auf deine Ängste fokussierst, wirst du dich schlecht fühlen.

All deine Schmerzen entstehen im Kopf.

Es gibt drei Orte, an denen du dich gedanklich befinden kannst: *in your mind* (mitten drinnen), *below mind* (»unter« deinen Gedanken) oder *above mind* (»über« deinen Gedanken). Direkt in deinem Kopf zu sein und in deine Gedanken so richtig einzutauchen, macht dich meistens unzufrieden. Es gibt da diesen Spruch *»If you are in your head, you are dead«* (»Wenn du in deinem Kopf bist, bist du tot«), der das recht hart auf den Punkt bringt. Inmitten deiner Gedanken kannst du dich vor dem Monolog deines inneren Tyrannen nicht schützen – und das ist das Problem daran. Seine negativen Aussagen schleudern dich in dieser Position in eine gedankliche Abwärtsspirale, an deren unterem Ende du dich so richtig schlecht fühlen wirst.

Du erinnerst dich an das Beispiel mit der Mutter des drogenabhängigen jungen Mannes? Am zunächst einfachsten entkommst du deinem inneren Tyrannen tatsächlich mithilfe von Alkohol und allen anderen Rauschmitteln, denn diese Substanzen bringen dich *below mind*. Das erklärt, warum es auf den ersten Blick für viele so verlockend ist, zu trinken oder Drogen zu nehmen – da sie unter diesem Einfluss praktisch unterhalb ihres Verstandes unterwegs sind. Es stimmt schon: Das würde dich entspannter, offener, fröhlicher machen, weil du deinen inneren Tyrannen, der dich hemmt, schimpft, schwächt und belastet, von dort aus nicht mehr hören könntest. Es gibt allerdings eine nicht zu unterschätzende Schattenseite von Alkohol und anderen Drogen: Der Tyrann kommt mit doppelter Schlagkraft zurück, sobald sich deren Wirkung verflüchtigt! Auf Dauer wirst du folglich ganz und gar nicht glücklich sein können, wenn du dich auf diese Weise betäubst, sondern nur zusätzliche Probleme haben.

Weil dein Schmerz erst durch deine Bewertungen entsteht und dieses Bewerten *above mind* aufhört, ist es wesentlich zielführender, dich für diesen Weg zu entscheiden: Auf der Metaebene wird dir bewusst, dass du nicht deine Gedanken bist, sondern nur das Wahrnehmen von ihnen. Mit diesem Abstand wirst du zum stillen Beobachter deiner Gedanken und hörst ebenfalls nicht mehr, was dein innerer Tyrann von sich gibt – aber ohne unangenehme Nachwehen zu riskieren. Das ist der Grund, warum auch hierzulande immer mehr Menschen die Meditation für sich entdecken: weil das eine der effektivsten Möglichkeiten ist, *above mind* zu erreichen. Dafür ist es wichtig, zu verstehen, dass es beim Meditieren nicht darum geht, keine Gedanken mehr zu haben. Wer sich das als Zielvorstellung nimmt, wird recht schnell frustriert das Handtuch werfen – das ist ein schier unmögliches Unterfangen. Es geht darum, die negativen Gedanken wahrzunehmen, zu bemerken, sobald sie kommen, sie dann anzunehmen und ohne sie zu bewerten weiterziehen zu lassen. Das kannst du dir vorstellen, als würdest du vom Ufer eines reißenden Flusses aus dessen Stromschnellen betrachten, ohne ins Wasser zu steigen und dich von ihnen mitreißen zu lassen. Du bist lediglich ein stiller Beobachter, der ohne Wertung von einem sicheren Ort aus zusieht.

Das Ziel ist, deine destruktiven Gedanken zu managen, bevor sie dich kontrollieren können.

Möchtest du in deinem Leben glücklich und erfolgreich sein, so ist es notwendig, damit aufzuhören, in deinen Gedanken zu verharren. Stattdessen brauchst du eine Möglichkeit, wie du *above mind* gelangst. Neben dem Meditieren gibt es noch andere Methoden, die das bewirken: meditatives Gehen oder Laufen etwa, oder Yoga. Bei den beliebten Dehnungsübungen ist die Wirkung auf den Körper eher nebensächlich. Primär geht es darum, auf die beschriebene gedankliche Metaebene zu gelangen, denn nur, wenn du frei im Kopf bist und dich nicht auf einen Dialog mit deinem inneren Tyrannen einlässt, wird es dir gelingen, eine schwierige Yoga-Pose durchzuführen, bei der dein Fokus geschult wird – und nebenbei dein Body. Dir fokussiert ein eingängiges Mantra vorzusagen, kann einen ähnlichen Effekt haben. Und Achtsamkeit solltest du zu deinem Besten ohnehin regelmäßig üben und sie in deinen Alltag einbauen: Sei etwa mit deinen Gedanken ausschließlich beim Kochen, während du kochst – auch und gerade dann, wenn du dich gestresst fühlst! Nutz jede Gelegenheit als Meditationsform, um deinem Kopf Ruhe zu gönnen. Die Anleitung auf Seite 213 im Kapitel »Übungen, um deinen inneren Tyrannen zu vertreiben« wird dir zeigen, wie das funktioniert.

Es geht bei all diesen Techniken um dasselbe: Indem du dein Gehirn konzentriert mit einer Sache beschäftigst, können all die anderen Prozesse in deinem Kopf nicht stattfinden, die dich von dem ablenken, was du willst, und dich eher dorthin führen, wo du gar nicht sein möchtest. Je geübter du darin wirst, desto gelassener wirst du insgesamt mit allen kleineren und größeren Herausforderungen des Alltags umgehen können. Und für konkrete Momente, in denen du dich über jemanden ärgerst, dich von einer Person gekränkt oder angegriffen fühlst – und in allen anderen Situationen, die Stress in dir verursachen –, gilt:

Deine Bewertung macht die Musik!

Gehen wir gemeinsam ein typisches Szenario durch: Du bist auf dem Weg zu einem wichtigen Termin und gerätst in einen Stau. Stop-and-go-Verkehr macht dich schon nervös, ein Stau zu diesem Zeitpunkt erst recht? Dann unterbrich die Gedanken, die dir dein innerer Tyrann dazu vorsagt *(»Was werden die anderen denken?«, »Das ist mir so peinlich!«, »Ich werde einen schlechten Eindruck machen!«, »Das wirkt, als wäre ich unzuverlässig!«)* bewusst, denn sie bringen dich *in your mind*, verursachen zusätzlich Unruhe und lassen dich irgendwann hektisch bis panisch werden, sofern du dich von ihnen beherrschen lässt. Darum stopp das aktiv und sag dir: *»Ich steh im Stau, ich komme zu spät – nicht mehr und nicht weniger.«* Frag dich dazu, ob es irgendwann in deinem Leben einen Moment gegeben hat, in dem du gestresst und gedanklich unter Druck ein besseres Ergebnis erzielt hättest als ohne! Das wirst du sicherlich verneinen können, also versuch bewusst ruhig zu bleiben und dir immer wieder zu sagen: *»Es ist, was es ist. Ich werde zu spät kommen – nicht mehr und nicht weniger!«* Achte gut darauf, wie du mit dir in dieser Situation umgehst, welche Gedanken kommen und welche du zulässt. Konstruktive Überlegungen könnten etwa sein: *»Vielleicht ist der Stau das Beste, was mir passieren konnte. Möglicherweise wäre ich ohne ihn in einen Unfall geraten.«* Wenn du es dann noch schaffst, die Zeit im Stau gut zu nutzen, indem du ein Audiobook hörst oder dich der Tagträumerei hingibst, bist du dort angekommen, wo dich so etwas nicht mehr erschüttern kann.

Sehen wir uns noch einen anderen Fall an, den erfahrungsgemäß viele Menschen kennen: Ein- oder Durchschlafprobleme. Wenn du schon einmal nicht einschlafen konntest, obwohl du unbedingt wolltest oder gefühlt *musstest,* weil es schon spät war und du einen vollen Tag vor dir hattest, kennst du die Situation, dich ruhelos im Bett herumzuwälzen: Es sind auch hier meistens negative Gedanken, die dafür sorgen, dass du keinen Schlaf findest – wenn es nicht gerade ein schlechter Traum war, der dich aufschrecken hat lassen. Je mehr du dir dann denkst, du solltest längst schlafen, desto munterer wirst du. Denn ins Land der Träume findest du nicht, indem du deinem inneren Tyrannen lauschst, der mit Panikmache wie *»Du musst jetzt endlich schlafen! Der Wecker wird in sechs Stunden läuten und morgen ist ein wichtiger Tag, an dem du funktionieren musst. Ohne Schlaf wirst du nicht leistungsfähig sein, also schlaf gefälligst ein!«* alles andere als konstruktive Hilfe anbietet. Um am eigenen Leib zu erfahren, wie es ist, wenn du ablehnst, was gerade ist, brauchst du nur auf ihn zu hören. Solltest du ausprobieren wollen, was das Gegenteil davon bewirkt, mach es beim nächsten Mal, wenn du wieder nicht schlafen kannst, anders: Überleg nicht, warum es dir schwerfällt, einzuschlafen! Versuch nicht, dich gegen das Wachsein zu wehren, sondern sag dir, dass es in Ordnung ist, genau jetzt und hier wach zu sein. Erst, wenn du deinen Geist und deinen Körper entspannst und aufhörst, dich um ein rasches Einschlafen zu bemühen, dich dazu zwingen zu wollen, Schlaf zu finden, wird es dir gelingen. Ärgere dich nicht, weil es gerade anders sein sollte, als es ist – denk nicht darüber nach, dass du längst schlafen solltest! Es ist auch in einer solchen Lebenssituation notwendig, anzunehmen, was ist, anstatt im Widerstand damit zu verharren. Du wirst sehen: Sobald du dir erlaubst, wach zu sein, dich auf deinen Atem konzentrierst und im besten Fall auf ihn meditierst, wirst du einschlafen …

This crazy little thing called love! Dein innerer Tyrann und deine Beziehungen

Die Voraussetzung für erfüllende Beziehungen zu deinem Partner, deinen Kindern und auch Freunden ist die gesunde Selbstliebe, der wir uns bereits gewidmet haben. Je mehr du mit dir im Reinen bist, je weniger du dich von deinem inneren Tyrannen einengen lässt, desto leichter wird es dir fallen, deinen wahren Kern im Außen zu zeigen, anstatt antrainierte Rollen zu spielen. Und genau darum geht es: Das ist es, was dich beziehungsfähig macht! Alles sonst trägt nicht zur Beziehungsfähigkeit bei, kann so auf Dauer niemals funktionieren, weil andernfalls nicht zwei echte Menschen aufeinandertreffen, sondern zwei Marionettenspieler.

Gerade in Partnerschaften wird das recht deutlich. Womöglich kennst du selbst Paare, die am Ende eines jeden Telefonats ein »Ich hab dich lieb!« oder ein »Ich liebe dich!« ins Handy hauchen. Für Außenstehende hört sich das oft nach einer bloßen Floskel an – und manchmal steckt genau das dahinter, denn in vielen so gearteten Fällen trennen sich diese Paare irgendwann und gestehen einander im Zuge dessen, wie lange sie das Gefühl der Liebe schon nicht mehr empfinden. Das liegt häufig daran, dass sie nie den Mut hatten, einander wahrhaftig zu begegnen. Selbst wenn der eine aber dem anderen irgendwann einmal gegenübergetreten wäre, das offene Gespräch gesucht und ihm ehrlich gesagt hätte: »Weißt du, irgendwie spür ich die Liebe zwischen uns nicht mehr«, hätte das nur etwas ändern können, falls daraus eine Situation entstanden wäre, in der beide auf den jeweils anderen achten. Meistens allerdings spürt jeder nur seinen eigenen Schmerz – so ähnlich wie bei der Frau, die sich um ihren drogensüchtigen Sohn sorgt, wenn du dich erinnerst. Und damit bleibt jeder nur bei sich und den eigenen Ängsten. Könnte sich jeder von beiden aber selbst vergeben, dass die großen Gefühle verflogen sind, und würden beide die Situation annehmen und sich erlauben, die Liebe anders als zu Beginn wahrzunehmen – dann wäre echte Beziehung möglich, in der auch wieder wahre Liebe fließen könnte.

Wir haben schon besprochen: Sobald du Wut, Ärger, Unsicherheit in dir selbst annehmen kannst, bist du wesentlich weniger hart in deinem Umgang mit anderen. Die höchste Stufe deiner persönlichen Entwicklung hast du erreicht, wenn du nicht mehr den anderen für deine Emotionen verantwortlich machst, sondern nur mehr dich selbst, weil du erkennst, was wir in Bezug auf die Selbstliebe festgehalten haben: Alles, was dich trifft, betrifft dich. Und daraus resultierend der wenig überraschende Umkehrschluss:

Alles, was du an anderen liebst, hat auch etwas mit dir zu tun.

Richtig gelesen: Wenn du etwas in anderen Menschen liebst, handelt es sich dabei meistens um Eigenschaften, die du in dir annehmen und lieben kannst. In Bezug darauf sind übrigens Kinder die größten Lehrmeister: Sie spiegeln uns ununterbrochen exakt jene Dinge, die wir bei uns auflösen sollten, können und dürfen. Umgelegt auf die Paarbeziehung bedeutet das: Sofern du es schaffst, deinen Partner nur mehr als dein Spiegelbild zu erkennen, ihn aber nicht mehr verantwortlich für deine Emotionen machst, bist du in einer glücklichen Liebesbeziehung gelandet.

Die Hauptprobleme in Bezug auf Partnerschaften sind ein unbefriedigendes Sexualleben, zu wenig Aufmerksamkeit (gerade Frauen beklagen oft: *»Mein Partner ist körperlich da, aber gar nicht anwesend«*), wiederholendes Streiten (*»Mein Partner versteht mich nicht«* oder *»Mein Partner macht mich wahnsinnig«*) und unfreiwillig Single zu sein (*»Es sind sowieso schon alle Guten vergeben«* oder *»Ich hab gar keine Zeit für eine Beziehung/jemanden kennen-*

zulernen«). Bestehende Paarbeziehungen scheitern gewöhnlich auf drei Ebenen: an der Polarität zwischen Mann und Frau (es gibt nicht mehr genug Anziehung), an Kommunikationsschwierigkeiten *(»Wir verstehen einander nicht«)* und an den eigenen Blockaden und Ängsten (der innere Tyrann hat die Oberhand gewonnen). Vor allem der letztgenannte Punkt hat meist mit fehlender Selbstliebe zu tun. Wäre ihr Selbstwert stark und ausgeprägt, hätten manche Menschen viele ihrer Probleme nicht. Gerade für den Beziehungszerstörer »Eifersucht« gilt das in so gut wie allen Fällen. Zudem ist ein Fokus aufs Negative immer problematisch.

Die beste Möglichkeit, um in einer Beziehung unglücklich zu werden oder sie gegen die Wand zu fahren: Konzentrier dich ständig auf dich selbst und darauf, was du nicht bekommen hast!

Das wird dich nicht weiterbringen, also besinne dich auf das Gefühl der Dankbarkeit und nimm bewusst und dankbar wahr, was du an deinem Partner hast und was toll an eurer Verbindung ist. Lass dich außerdem auf eine Erkenntnis ein: In all deinen Beziehungen wird sich der Kreis zur Selbstliebe schließen. Du wirst es erleben: Sobald du etwa dir selbst erlauben lernst, dich zu entspannen, wirst du auch deinen Partner akzeptieren können, wenn er auf dem Sofa liegt und sich eine Auszeit gönnt, anstatt den Geschirrspüler auszuräumen oder die Wäsche aufzuhängen. Dieses Prinzip gilt ebenso für deine Kinder und Kollegen: Schafft es eine junge Kollegin, euren Chef mit einem bezaubernden Lächeln und dem richtigen Augenaufschlag um den Finger zu wickeln, hat dich das vielleicht bisher geärgert. Du tust besser daran, dir nicht »Na toll, die macht es sich leicht!« zu denken, sondern dir zu überlegen, von wem du gelernt hast, dass es falsch ist, es sich leicht zu machen, und warum dein innerer Tyrann dir das zeitlebens eingeredet hat. Ob das von deinen Eltern oder später von deinen Lehrern kam – jetzt darf es aufgelöst werden!

Aber bleiben wir noch bei den Paarbeziehungen: Wie sich eine Frau im Zusammenhang mit Männern fühlt, welche Rolle sie in Partnerschaften einnimmt und ob und wie sie ihr innerer Tyrann in ihrem Liebesglück sabotiert, hängt davon ab, wie sie ihren Vater als Kind erlebt hat, wie ihre Mutter sich über ihn geäußert hat und welches Männerbild daraus entstanden ist. Hat die Mama ihr versichert, dass sie ihren Vater liebt und er »der Beste« ist, so hatte das naturgemäß einen anderen Einfluss auf das Mädchen, als wenn die Tochter immer nur Schlechtes über ihren Vater gehört hätte.

Männern ergeht es dabei ähnlich: Ob sein Vater seine Frau und die Mutter des gemeinsamen Sohnes wertgeschätzt hat oder nicht, ob der eigene Vater ein schwacher oder starker Mann war, ob er präsent war oder durch Abwesenheit geglänzt hat – all das wirkt prägend auf die Beziehung eines Mannes zu seiner Mutter, darauf, ob ein Mann im Reinen mit ihr ist, und später dann auf seine eigenen Partnerschaften.

Stellen wir uns folgendes heterosexuelles Pärchen vor: Er hat massive Probleme mit seiner übermächtigen Mutter, die seinen Vater/ihren Mann unterdrückt und betrogen hat. (Sogar ein Kuckuckskind hat sie ihm untergejubelt, denn sein Bruder ist biologisch gesehen der Sohn seines Onkels. Ja, richtig mitgedacht: Die Mutter hat ihren Ehemann sogar mit dessen Bruder hintergangen!) Seine Freundin entwickelt sich mit der Zeit weiter, und weil er aufgrund seiner Elterngeschichte von seinem inneren Tyrannen sein Leben lang eingeflüstert bekommen hat: »*Lass dir nichts von einer Frau sagen!*«, wird es ab diesem Punkt extrem schwierig für die beiden: Sobald sie ihren Partner darauf hinweist, dass auch er Themen hätte, die aufgearbeitet und entwickelt werden sollten, wird der in seinen Schmerz springen, da dieser von seiner Freundin gerade getriggert worden ist. Es ist ihm unmöglich, ihren Schmerz wahrzunehmen und anzuerkennen, weil er so stark von seinem inneren Tyrannen in die Mangel genommen wird. Und genau das ist es, was in den meisten Paarbeziehungen passiert, wenn ein Konflikt aufpoppt:

Wir reden immer nur über uns selbst!

Wer seinen inneren Tyrannen noch nicht zum Schweigen gebracht hat, wird nur selten konstruktiv streiten können. Meist geht es dann in Auseinandersetzungen nicht darum, dem anderen wirklich zuzuhören, sondern darauf zu warten, dass er fertig gesprochen hat, um selbst wieder etwas sagen zu können. Dabei sollte es auch in diesem Kontext darum gehen, den anderen mit seinem Anliegen anzunehmen, anstatt sich gegen seine Bedürfnisse zu wehren.

Natürlich macht es die Tatsache, dass sich die Ansprüche an Partnerschaft erhöht haben, nicht gerade einfach für Paare von heute. Wo es bei vergangenen Generationen ein No-Go war, sich zu trennen, ist es jetzt verpönt, in einer unglücklichen Beziehung zu verharren. Das ist prinzipiell ja gut so, wenn wir die Auswirkungen benennen: Aufgrund der Emanzipation und vieler weiterer Faktoren ist es heutzutage möglich, eine alleinerziehende Mutter zu sein. Frauen sind glücklicherweise nicht mehr darauf angewiesen, einen Ernährer an ihrer Seite zu haben, sondern können sich aktiv für oder gegen eine Paarbeziehung entscheiden. Wie schnell die Menschen deshalb aber unzufrieden mit der eigenen Partnerschaft sind, ist die Schattenseite dieser an sich positiven Entwicklung. Meistens geht es hierbei nämlich um die Erwartungen an den anderen und nicht gleichermaßen um die an sich selbst.

So hat die Liebe aber keine Chance, denn *»Ich liebe*

dich« sollte in Wahrheit meinen: *»Ich nehme dich an mit allem, was du bist und dich ausmacht.«* Streng genommen liebt nach dieser Definition kaum jemand einen anderen Menschen tatsächlich – nicht mal der Ehemann seine Frau, ja nicht einmal eine Mutter ihr Kind und so gut wie niemand sich selbst. Bedingungslos zu lieben würde immerhin bedeuten, die Liebe wäre an keinerlei Bedingungen geknüpft, was im echten Leben schwieriger umzusetzen ist, als in den Widerstand zu gehen. Um wahrhaftig zu lieben, muss der andere zu hundert Prozent angenommen werden – und das ist nur Menschen möglich, die Meister der Selbstliebe sind, wodurch sich der Kreis erneut zu diesem Thema schließt.

Liebe beruht auf einem Trotzdem und nicht auf einem Weil.

Wer nicht bei sich selbst angekommen ist, wird immer wieder die gleichen Muster spielen – genauso mit einem anderen Partner, nachdem du nicht vor dir selbst davonlaufen kannst. Da du eben nicht den Lebenspartner bekommst, den du dir wünschst, sondern den, den du anziehst, hast du genau den Partner, den du verdienst, weil er dir deine Defizite aufzeigt und damit die beste Chance auf Veränderung ist, sofern du akzeptierst, dass du bei dir selbst anfangen musst.

Die Hauptproblematik in Bezug auf den eigenen Nachwuchs heißt: *»Mein Kind funktioniert nicht (in der Schule/im Berufsleben/als Nachkomme)!«* Es wird dich wenig überraschen, dass auch hierfür der Schlüssel »Selbstliebe« heißt: Eltern müssen in sich annehmen, was sie in ihren Kindern ablehnen. Die erste Frage dazu sollte darum *»Wo bin ich im Widerstand mit etwas, das in mir noch zur Entfaltung kommen möchte?«* lauten. Manche Elternteile erlauben sich beispielsweise nie, zwischendurch mal die sprichwörtliche Sau rauszulassen oder sich trotz der ewigen To-do-Listen im Alltag zu entspannen – und halten genau das dann bei ihren Sprösslingen nicht aus. Ganz ähnlich hat sich das im Fall der Frau gestaltet, die sich um ihren Sohn sorgte, weil dieser (tatsächlich oder ihrer Ansicht nach) ein Drogenproblem hatte – oder bei einem Vater, der sich an den schlechten Noten seines Kindes stört, um ein weniger gewichtiges Thema zu nennen.

In der Erziehung sollte es nicht um Überforderung, sondern um Förderung gehen – sonst werden Kinder wieder nur angepasste Erwachsene mit einem lauten inneren Tyrannen in ihrem Kopf. Das ist immerhin schon deinen Eltern und wahrscheinlich auch noch dir passiert. Solltest du bereits Mutter oder Vater sein: Mach du es anders! Kümmere dich um dich selbst, denn am wichtigsten für Kinder ist es, dass ihre Eltern glücklich sind. Das eigene Wohl, der eigene emotionale Wohlstand überträgt sich dann auf sie, weshalb der erste Schritt erneut zur Selbstliebe führt: Löst du deine fehlende Selbstannahme auf, so lösen sich automatisch viele deiner Probleme und du musst dir nicht länger im Weg stehen, was die Beziehungen in deinem Leben betrifft.

It's just another manic Monday! Dein innerer Tyrann und dein Berufsleben

Die häufigsten Probleme im Bereich des Arbeitslebens lassen sich wie folgt zusammenfassen: *»Ich bin immer im Stress, arbeite zu viel und hab zu wenig Freizeit«*, *»Ich bin der Sklave meines Chefs/meiner Kunden/meines Smartphones«*, *»Ich hab mich nicht verwirklicht«*, *»Ich verdiene zu wenig«* und *»Ich werde gemobbt«*. Auch hier begegnen uns vom inneren Tyrannen präsentierte Themen, von denen wir weiter vorn schon gehört haben: geringer Selbstwert, falscher

Fokus, fehlende Annahme der Istsituation, um aus dieser Sichtweise heraus Veränderung herbeiführen zu können.

Die Berufswahl ist nicht selten an Erfahrungen im Elternhaus gekoppelt bzw. entspringt dem unbewussten Wunsch, geliebt und anerkannt zu werden. Der innere Tyrann ist diesbezüglich so laut mit seinen Aussagen – mit denen er vorrangig die Frage *»Für welche Rolle würde ich geliebt und beachtet werden?«* beantwortet –, dass viele überhören, was ihr Herz will. So kommt es zu Ausbildungswegen, die nicht den eigenen Interessen und Begabungen entsprechen, sondern einem Ziel, das von außen auferlegt wurde. Manche Menschen wollen aus diesem tiefen inneren Bedürfnis, gesehen und geliebt zu werden, tatsächlich Fremde beeindrucken oder bestenfalls neidisch machen, solange sie ihren inneren Tyrannen noch nicht durchschaut haben. Dieses Ziel kann absurde Ausmaße annehmen: Manch einer nimmt einen Job an, in dem er sechzig Stunden pro Woche an etwas arbeitet, das ihm null Freude bereitet, nur um dem Nachbarn oder einem »Erzfeind« zu beweisen, was er sich leisten kann – ob das der Pool, der All-inclusive-Urlaub oder der Sportwagen ist, es geht immer um Anerkennung, nach der das Ego lechzt.

Viele ertragen einen cholerischen, respektlosen Chef, weil sie Angst haben, keinen adäquaten anderen Job zu finden, oder weil sie einfach akzeptiert haben, dass »Chefs nun mal so sind«, was aber kein Grund sein darf, alles hinzuschmeißen. Frauen, die einst von ihrer Mutter eingebläut bekommen haben, sich finanziell bloß niemals von einem Mann abhängig zu machen, stellen durch diese innere Angst manchmal ihre Partnerschaft, das Wohl der Kinder und ebenso ihr eigenes hintan, um einen Platz auf der Karriereleiter zu erhaschen. Scheitert die Beziehung dann, erkennen sie häufig, warum der Wert »Unabhängigkeit« ihnen die Freiheit genommen hatte, das zu wählen, was ihnen privat wie beruflich gutgetan hätte. Gleiches gilt für Männer, denen als kleine Buben eingetrichtert wurde, dass sie es sind, die eine Familie zu ernähren haben. Der alte Spruch aus dem Volksmund »Schuster, bleib bei deinen Leisten!« führt bei wieder anderen dazu, dass sie sich ab dem Einstieg in ihren Beruf nicht mehr weiterentwickeln, weil sie eines vergessen haben: Der sprichwörtliche Schuster zu sein, ist nur *eine* mögliche Rolle von vielen. All diese Menschen sind freilich viel mehr als das Ego eines Schusters – ihr innerer Tyrann hat ihnen lediglich etwas anderes eingeredet.

Solche Fälle sind ausnehmend traurig, wenn wir uns vor Augen halten, worum es gehen sollte: Wir alle könnten jeden Moment unseres Lebens auskosten, nachdem wir derlei Glaubenssätze und Ängste über Bord geworfen haben. Darum überleg dir mal, wie viele Stunden pro Tag, pro Woche, pro Monat und pro Jahr du mit dem Verrichten deiner Arbeit verbringst! Im Normalfall sind das wesentlich mehr Stunden, als du mit deinen Liebsten zur freien Verfügung hast.

Liegt damit nicht klar auf der Hand, dass dein Job für dich sinnstiftend sein und dir Freude bereiten sollte?

Life is a rollercoaster! Dein innerer Tyrann und deine Lebensziele

Am häufigsten werden als Probleme rund um die eigenen Ziele im Leben vergessene Träume, nicht erfüllbare Wünsche und ein gesellschaftlich auferlegter Druck, etwas erfüllen zu müssen, genannt: *»Ich merke, wie alle erwarten, dass ich heirate und Kinder bekomme, aber ich stell mir mein Leben ganz anders vor«*, *»Als Kind wollt ich so gern Maler* *werden, aber das ist über die Jahre komplett auf der Strecke geblieben«* oder *»Wir leben in einer Welt, in der Karriere so wichtig geworden ist, aber ich wäre gern ausschließlich Mutter und Hausfrau«*. Es kommt nicht von ungefähr, dass viele gerade um die Lebensmitte herum zutiefst unzufrieden werden oder sich sogar richtiggehend unglücklich fühlen: Vieles von dem, was einst ein Ziel war, könnte sich ab Mitte vierzig rein rechnerisch nicht mehr ausgehen. So ist bei Frauen, die gern Kinder hätten, ein enormer Druck ab fünfunddreißig zu beobachten, was von Begriffen wie »Risikoschwangerschaft« oder »späte Mutterschaft« noch zusätzlich verstärkt wird. Aber auch die früher geplante Weltreise, der beste Schachspieler Europas oder Meisterin im Boxen zu werden, wird ab einem gewissen Alter immer unrealistischer, weshalb es unweigerlich zur Midlife-Crisis kommt, falls diese Themen keine Aufmerksamkeit erhalten.

Wesentlich ist es in Bezug darauf, zu erkennen, dass selbst eine großartige Identität eine ist, die dich limitiert: Solltest du dir etwas enorm Großes vorgenommen haben, wie die beste Skisportlerin oder der beliebteste Entertainer Österreichs, Deutschlands oder Europas zu werden, beschränkt dich das auf den damit verbundenen potenziellen Erfolg, denn selbst wenn dir das gelänge (wie du dich fühlen würdest, solltest du es nicht schaffen, wäre ebenfalls überlegenswert): Was käme danach, sobald du dieses Ziel erreicht hättest?

Was dir womöglich noch niemand verraten hat, aber essenziell in Bezug auf deine großen Ziele ist:

Im Leben gehts nicht ums Ankommen.

Mehr noch: Es *gibt* im Leben auch kein Ankommen. Hinterm Horizont geht es weiter. Hast du erst einmal dein dir gesetztes Lebensziel erreicht (sei es einen bestimmten Status zu erlangen, eine angestrebte Erfahrung zu machen, eine Familie zu gründen oder irgendeine Auszeichnung zu bekommen), hört das Leben danach in Normalfall nicht auf. Im Gegenteil ist es häufig so, dass sich Menschen verstört bis verzweifelt fühlen, wenn sie am Ziel angekommen sind. Wer alles erreicht hat, sieht sich meist mit der Tatsache konfrontiert, dass die aktuelle Leistung nicht mehr zu toppen ist. Extrembergsteiger Reinhold Messner meinte etwa am Höhepunkt seiner Bergsteigerkarriere, nachdem er die Spitze des Mount Everest erklommen hatte, dieser Gipfel sei bloß der Umkehrpunkt für ihn gewesen: *»Ich spürte nur völlige innere Leere und hatte nur einen Wunsch: runter!«* Der bis dato eher kühl wirkende Formel-1-Star Michael Schumacher brach am Zenit seiner Karriere in Tränen aus, als ein Reporter ihn bei der Pressekonferenz nach seinem Sieg in Monza danach fragte, wie es sich anfühle, die Nummer eins der Welt zu sein. Ja, er antwortete: *»I'm just happy«*, aber er weinte. Reine Freudentränen? Oder ist ihm klar geworden: Ab jetzt kann es nur noch abwärts gehen. In diesem Moment hatte er alles erreicht, was man als Rennfahrer erreichen kann. Ted Turner, einflussreicher Medienunternehmer und Gründer von CNN, wurde 1991 zum »Man of the Year« erkoren und hielt während seiner Dankesrede bei der Preisverleihung das »Time Magazin« mit seinem Bild auf dem Cover in die Kameras und fragte mit tränenerstickter Stimme: *»Reicht dir das, Daddy?«* Solche Beispiele aus der Welt der einflussreichsten und erfolgreichsten Menschen gibt es zahlreiche. Nicht umsonst werden diverse Superstars depressiv und drogenabhängig: weil alles, was es zu erreichen und zu kaufen gibt, doch nur Leere hinterlässt. Darum ist das die falsche Herangehensweise, Erfolg so für uns zu definieren, dass wir ihn an etwas Messbares knüpfen. Wir können uns nicht ausschließlich am Ergebnis orientieren – es muss um das Erlebnis an sich gehen: Der Weg ist das Ziel. Dieser viel zitierte Spruch enthält eine immens wichtige Wahrheit: Es geht immer weiter, es gibt kein Ankommen. Das eigentliche Ziel sollte es deshalb sein, in jedem Moment und bei allem, was du tust, dein Bestes zu geben. Was auch immer es ist, auf das du hinarbeitest, das du dir vorgenommen hast oder das dir gefühlt zu deinem Glück noch fehlt – den Partner fürs Leben zu finden, auf dein Idealgewicht abzuspecken, einen Kredit abbezahlt zu haben, einen Karrieresprung zu machen oder dein eigenes Kind in den Armen zu halten –, damit ist in Wahrheit kein dauerhaftes Glück zu finden, wenn du dir auf dem Weg dorthin das Glücklichsein nicht erlaubst. Solltest du nämlich über das Dorthinwollen vergessen, jeden einzelnen Augenblick zu leben, versäumst du alles, was dir widerfährt, bis du deine Erwartungshaltung erfüllt hast. Und darum geht es nicht im Leben. Dein innerer Tyrann weiß es nicht besser und nährt dich zwar in deiner Angst, etwas zu versäumen, lenkt dich aber zeitgleich vom Hier und Jetzt ab, sofern du ihn nicht bremst. Dein Ego will mehr Sicherheit, mehr Bedeutung und mehr Abwechslung. Das wirst du aber verpassen, während du immer nur dem nächsten Ziel hinterherjagst und den Fokus damit in der nahen oder fernen Zukunft hast. Angenommen, du willst, dass sich deine Lebensumstände verändern – dann musst du die Art und Weise ändern, wie du lebst.

Die Formel dafür lautet: innerer Wohlstand = äußerer Wohlstand

Wir haben dieses Thema weiter vorn schon einmal angekratzt und werden es später aufgreifen, um genauer zu schildern, was seine Essenz ist. Hier nur so viel dazu: Natürlich ist es ein großartiges Gefühl, Erfolg zu haben, bewundert zu werden, eine Auszeichnung zu erhalten oder sich ein Sportauto zu kaufen. Aber, mal ganz ehrlich: Wie lange dauert der jeweilige Moment, in dem du das erlebst und genießen kannst? Wie lang freust du dich darüber, wenn du etwas geschafft hast? Du hast wahrscheinlich Wochen, Monate oder Jahre darauf hingearbeitet, um dir deinen Traumwagen leisten zu können. Und wie lange dauert das Hochgefühl schließlich an, nachdem du ihn endlich gekauft hast? Ab dem wievielten Mal Einsteigen flaut das ab und du sitzt nicht mehr mit einem Dauergrinser drinnen, während du mit offenem Verdeck durch die Stadt fährst? Gleiches gilt für das Haus, das du gemeinsam mit deinem Lebenspartner gekauft oder gebaut hast: Was hat es euch gekostet, diesen Wunsch zu verwirklichen, wie oft habt ihr deshalb gestritten, worauf musstet ihr verzichten, damit sich der Traum vom eigenen Haus umsetzen hat lassen? Und wenn es irgendwann fertig ist, ihr eingezogen seid und die letzten Umzugskartons ausgepackt habt – wie glücklich lebt ihr dann tatsächlich in dieser personifizierten Erfüllung eurer kühnsten Träume? Eine nicht untypische Antwort auf diese konkrete Frage ist: *»Haben wir die Schulden eines Tages abbezahlt, dann können wir es so richtig genießen!«* Und was ist bis dahin? Darfst du bis zu diesem Tag x nicht glücklich sein?

Was wollen wir dir damit sagen? Denk es am besten mal für dich durch: Wenn dein innerer Tyrann dich dazu verführt, nur diesen Stationen in deinem Leben Bedeutung beizumessen, die dein Ego erfreuen – was ist dann mit den Phasen dazwischen, die wesentlich länger andauern, was heißt das für dein restliches Leben, für die ruhigen Strecken, für den Alltag?

Mach dir bewusst: Der ewige Hunger nach mehr ist der Hunger deines Egos, angetrieben von deinem inneren Tyrannen – und das Ego will immer *mehr*: mehr Sicherheit, mehr Abwechslung, mehr Bedeutung. Wer nicht im Hier und Jetzt lebt, den Moment und damit das, was gerade ist, nicht annimmt, der agiert grundsätzlich aus einem Defizit heraus. Aus Mangel kann aber niemals echte Fülle entstehen.

Fülle entsteht aus Dankbarkeit.

Solange du nicht dankbar bist für das, was du bereits hast, wirst du auch nicht dankbar sein für das, was du vielleicht noch bekommst. Wer hungrig durch den Supermarkt des Lebens läuft, der ist unaufmerksam und getrieben. In liebevoller Annahme dessen, was ist, sind wir hingegen weit weniger gestresst. Wir haben es weiter vorn schon angesprochen: Dein Hirn ist der Ort aller Bewertungen und Ängste, darum glaub nicht länger alles, was du denkst und was dein innerer Tyrann dir sagt!

TEIL 3

DÜRFEN WIR PRÄSENTIEREN: DEIN WAHRES SELBST!

Wie du deinen inneren Tyrannen zum Schweigen bringst

Wir haben dir bisher aufgezeigt, wie dein innerer Tyrann entstanden ist, wodurch er wachsen und gedeihen konnte, womit du ihn unbewusst gefüttert und gehalten hast. Nun ist es an der Zeit, dich darin einzuweihen, wie du ihn zum Schweigen bringen und ein für alle Mal loswerden kannst, um dein Leben, deine Entscheidungen und dein Verhalten endlich selbst in die Hand zu nehmen und deinen wahren Kern erstrahlen zu lassen.

Du erinnerst dich an die Makro- und die Mikroebene? Verstehen wir die Krise in deiner Partnerschaft auf der Mikroebene als ein Ballspiel, dann muss es darum gehen, dass du dich mit ihr auf der Makroebene auseinandersetzt – in unserem Beispiel mit den Naturgesetzen und der Physiologie des menschlichen Körpers: Auch wenn du ein begnadeter Spieler bist, wirst du den Ball irgendwann loslassen – und in diesem Moment sorgt die Schwerkraft dafür, dass er zu Boden fällt. Aus diesem Grund gilt es, deinen inneren Tyrannen anzuerkennen, anzusehen, wahrzunehmen: Der erste Schritt aus der Knechtschaft durch ihn ist deshalb das Erkennen und Annehmen, dass du von ihm beeinflusst wirst. Es ist in Ordnung, dass er da ist, er hatte wie schon angesprochen ursprünglich eine gute Absicht – nämlich dich zu schützen. Doch vielleicht brauchst du ihn jetzt nicht mehr?

Sobald du ihn identifiziert, erkannt und kennengelernt hast, kannst du in einem zweiten Schritt damit beginnen, Abstand zu ihm zu gewinnen und dich darum zu bemühen, seine Methode – das dahinterliegende Muster – zu erkennen. Dafür ist es notwendig, zu hinterfragen, was dein innerer Tyrann dir zeitlebens zugeflüstert hat, um zu entlarven, dass vieles davon jeglicher Sinnhaftigkeit entbehrt, und in einem weiteren Schritt schließlich deine gewohnten Gedanken-Emotions-Handlungs-Abläufe zu durchbrechen. Ist dir das erst gelungen, wirst du verstehen, wie du sie aufgeben und damit den inneren Tyrannen zum Schweigen bringen kannst. Das läuft so ähnlich ab wie das Zerkratzen einer Schallplatte: Sind erst mal die Rillen zerkratzt, kann das Lied nicht mehr einwandfrei abgespielt werden. Und genau das ist es, was du mit deinen negativen, dich hemmenden Prägungen machen solltest. Nachdem du dir im Weg stehende schlechte Muster zerstört und gelöscht hast, indem du nicht mehr darauf reagierst, wenn dein innerer Tyrann sie abspielen will, kannst du neue programmieren, die dich deinem Lebensglück näherbringen und dich fortan bei allem unterstützen, was du dir wünschst und dir für dich vorstellst.

Du wirst inzwischen eindrücklich erkannt haben, dass es ihn gibt, deinen inneren Tyrannen. Dass er dir dazu verholfen hat, nach wie vor am Leben zu sein, wird dir dabei helfen, ihn zunächst annehmen zu können, also wollen wir uns nun nach und nach um das Hinterfragen seiner Inhalte kümmern. Alle Muster, Prägungen und Programmierungen sind dazu da, Handlungsabläufe und Entscheidungen schneller – weil automatisiert – zu bewältigen. Ansonsten müssten wir jede noch so kleine Handlung wie auch das Öffnen einer Tür jedes Mal neu bedenken und überlegen, was eine unglaubliche Ressourcenverschwendung wäre. Doch diese Automatismen sollten nur die Plattform deines Menschseins bilden und nicht dein Leben selbst! Die meisten Menschen bewegen sich unbewusst und die überwiegende Zeit ihres Lebens in den immer wieder gleichen Gewohnheitsschleifen, ohne den Sinn je zu hinterfragen. Da du dieses Buch in der Hand hältst und immerhin bis hierher gelesen hast, gehörst du wohl nicht diesem Menschentypus an und hast deshalb alle Möglichkeiten, deine Loops zu durchbrechen.

Mach dein Gehirn zum Verbündeten!

Nicht nur dein innerer Tyrann lebt in deinem Kopf – auch der Schlüssel zur Tür, durch die du ihn für immer aussperren kannst, liegt dort. Wie dein Gehirn dein schlimmster Feind sein kann, solange du nicht mit ihm umzugehen weißt, so ist es gleichermaßen dein bester Freund, sobald du das herausgefunden hast.

Du erinnerst dich an die weiter vorne erwähnten Events unseres Lebens, auf die die meisten so stark reflektieren? Unser Ziel müsste es sein, das Leben so anzunehmen, dass wir nicht von den Highlights auf unserem Weg abhängig sind. Das ist nur möglich, sofern du nicht alles glaubst, was du denkst. Was heißt das? Du wirst dir ernsthafte Gedanken über deine Bewertungen machen müssen, um deinen inneren Tyrannen zum Schweigen zu bringen.

Ein Fremder erzählt dir: *»Meine Frau hat mich verlassen!«* Bevor du ihn nicht kennenlernst oder er dir seine Geschichte erzählt, wirst du nicht wissen, ob das eine gute oder eine schlechte Neuigkeit für ihn ist. Für den einen kann dieses Ereignis bedeuten: *»Juhu, endlich kann ich tun und lassen, was ich will!«*, für den anderen bleibt übrig: *»Oh mein Gott, ich werde nie wieder eine Frau wie sie finden, was soll ich nur tun?!«*

Was wollen wir damit sagen? Wir möchten mit diesem Beispiel einmal mehr auf etwas Essenzielles hinweisen:

Wir leiden nicht an Fakten – wir leiden an der Bedeutung, die wir diesen Fakten geben.

Wenn du die Dinge nicht annimmst, wie sie sind, bist du allerdings automatisch in einer negativen Emotion, weil du dich auf Abwehr einstellst, aus Angst im Widerstand verharrst. Nimmst du alles, was dir begegnet, aber an, wie es ist, dann wird es dir möglich, ein völlig neues Mindset zu leben. Sobald du erkennst, dass das Leben nicht *gegen* dich passiert, sondern *für* dich, eröffnen sich Wege, deinen inneren Tyrannen hinter dir zu lassen und zu begreifen, welche Haltung sich stattdessen in deinem Kopf breitmachen kann: *»Ich kann nichts ungeschehen machen, aber alles, was mir passiert ist, war genau richtig für mich. Es hat mich an eben diesen Punkt gebracht, an dem ich jetzt stehe – und das ist gut so.«*

Mach dich infolgedessen auf ganzer Linie bereit, dich ab heute deinen Ängsten zu stellen und deinem inneren Tyrannen den Garaus zu machen! Sobald du ihm nicht mehr erlaubst, dir im Weg zu stehen, wirst du erleben, wie sich dein Leben komplett ändern kann.

Du hast Angst? Mach es trotzdem!

Mut bedeutet ja nicht, keine Angst zu haben. Im Gegenteil: Nur wer die Angst kennt, kann überhaupt mutig sein. Und wie ein Vogel das Nest verlassen muss, um fliegen zu lernen, so müssen auch wir Menschen unsere Komfortzone hinter uns lassen, um uns verändern und entwickeln zu können.

Wie du hinterfragst, was dein innerer Tyrann von sich gibt

Ohne Angst wird es kein Problem mehr sein, zu hinterfragen, was du dein bisheriges Leben lang so gedacht hast. Gehen wir es also an!

Dein innerer Tyrann hat dir bislang Ideen in den Kopf gepflanzt, wie dein Leben anders hätte verlaufen sollen. Dabei hat er sich insbesondere auf deine Kindheit gestürzt, weil du dich während dieser Zeit allem passiv ausgeliefert gefühlt hast und als Kind zudem das größte Ego hattest. »*Wenn mein Vater mich nicht geschlagen hätte …*«, »*Wenn meine Mutter nicht noch mal geheiratet hätte …*« oder »*Wenn wir mehr Geld gehabt hätten …*« – die Geschichten, die er dir von deinem Leben erzählt, sind demnach immer Geschichten aus dem eingeschränkten, egoistischen Blickwinkel eines Kindes. Er ignoriert dabei die Wahrheit:

Das Leben lässt sich nicht kontrollieren – das Leben passiert.

Die meisten Begebenheiten im Leben entscheiden wir nicht, sondern sie geschehen einfach. Falls du dir jetzt denken solltest: »*Selbstverständlich entscheide ich selbst, was ich mache und was nicht!*«, dann überleg dir Folgendes: Ja, du entscheidest, ob du zu einem bestimmten Zeitpunkt zu einer Tankstelle fährst, um dir ein Eis zu holen. Diese Aktion beinhaltet aber mannigfaltige Möglichkeiten, die du nicht entscheidest oder bestimmen kannst: Auf dem Weg dorthin könntest du einen – leichten oder sogar schweren – Autounfall haben; es könnte dir an der Kasse die Liebe deines Lebens begegnen; du könntest jemanden kennenlernen, der dir seine Visitenkarte gibt, weil er durch ein kurzes Gespräch Potenzial in dir sieht, das er fördern möchte; oder du kommst dort an, kaufst das Eis, verspeist es genüsslich und fährst wieder nach Hause. All das hast du nicht in deiner Hand.

Woher willst du somit überhaupt wissen, dass die Art und Weise, wie deine Kindheit verlaufen ist, dir nicht womöglich sogar das Leben gerettet hat? Wie kannst du dir so sicher sein, dass der Umstand, der deine Mutter ein zweites Mal heiraten ließ, nachdem die Ehe deiner Eltern in die

Brüche gegangen war, nicht das Beste war, was dir passieren konnte? Womöglich wäre in deiner Bilderbuchkindheit etwas Schreckliches geschehen, einer deiner Elternteile wäre verunglückt oder du selbst wärst nicht mehr am Leben. Sag dir deshalb:

Es ist nie zu spät, eine glückliche Kindheit gehabt zu haben.

Es kommt bloß auf die Perspektive an, aus der du auf sie schaust: Wie würden deine Eltern die Geschichte deiner Kindheit erzählen? Zu dieser Fragestellung findest du auf Seite 201 eine Übung, um diesen Aspekt intensiv erarbeiten zu können. Du kannst sie gleich machen oder später – ganz wie es sich für dich gut anfühlt.

Jetzt ist an der Zeit zu hinterfragen, was du von der Stimme in deinem Kopf ständig vernimmst, es ist an der Zeit, dir darüber klar zu werden, dass dein innerer Tyrann dir nicht die Wahrheit zuflüstert, und dir dessen bewusst zu werden: Egal, was in deinem Leben passiert ist oder eben nicht – du leidest an einer Geschichte, die dir erzählt wurde. Sie gibt dem Tyrannen sein Fundament, sie hält als Erklärung für alles her: »*Ich bin nicht erfolgreich, weil …*« Damit ist immer sofort eine Ausrede parat und die Eigenverantwortung kann sich nicht entwickeln.

Das Spannende ist: Sobald du die Geschichte dahinter auflöst, kannst du erfolgreich werden. Es liegt an dir, zu verarbeiten, was dich daran hindert, im Hier und Jetzt das Leben deiner Wünsche zu führen. Gesteh dir dazu ein, was du sicherlich längst weißt:

Für das, was uns wichtig ist im Leben, finden wir Möglichkeiten – für den Rest finden wir Ausreden.

Hoffentlich hilft dir auch dieses Faktum: Das Leid, das viele Menschen fühlen, ist vorwiegend auf eine bestimmte Erwartungshaltung zurückzuführen, die der innere Tyrann mit den Worten »*Es sollte anders sein, als es ist!*« auf den Punkt bringt. Sobald wir etwas erwarten und das nicht eintrifft, ist ein negatives Gefühl programmiert. Die beste Möglichkeit, unzufrieden zu sein, ist ja bekanntlich, das, was du hast, mit dem, was du gern hättest, zu vergleichen. Der einfachste Weg, dich deprimiert zu fühlen, lautet davon abgeleitet: Konzentrier dich auf das, was du vom Leben oder von anderen Menschen nicht bekommst!

Die Erfahrung zeigt: Oftmals sind Menschen mit schwierigen Erlebnissen jene, die später am erfolgreichsten sind – vorausgesetzt, sie haben etwas daraus gemacht. Es geht eben nicht darum, was jemandem widerfährt, sondern wie er darauf reagiert, wie er es einordnet und bewertet, was er aus dieser Erfahrung zu gestalten weiß. Menschen sind keine Fußbälle. Wird ein Fußball heftig getreten, so kann ein Wissenschaftler ausrechnen – sollte er alle Parameter kennen –, wo der Ball aller Wahrscheinlichkeit nach zum Liegen kommen wird. Bei Menschen ist das anders: Sie reagieren unter gleichen Voraussetzungen komplett unterschiedlich auf die jeweiligen Situationen.

Sprenge die Ketten deiner dich limitierenden Identität

Wir möchten nochmal auf deine bisher gelebten Rollen zurückkommen. Du erinnerst dich bestimmt: Identität ist immer ein Gefängnis, weil sie eine Limitierung enthält. Die

Konsequenz daraus ist, dass dich deine Rollen auch im Veränderungsprozess blockieren könnten.

Die Identität, die du dir selbst gibst, hat große Auswirkungen auf die Möglichkeit, dich zu verändern.

Aber fangen wir mit einer Metapher an: Kennst du die viel zitierte Geschichte vom Skorpion und dem Frosch?

An einem Fluss begegnen sich ein Frosch und ein Skorpion. Der Skorpion bittet den Frosch überaus freundlich, ihn auf seinem Rücken ans gegenüberliegende Ufer zu bringen, damit er seine Familie besuchen kann. Der Frosch wehrt zunächst ab: »Nein, das mach ich nicht! Du bist ein Skorpion, und solltest du mich stechen, werde ich ertrinken.« Daraufhin dementiert der Skorpion: »Aber nein, das würde ich doch nicht tun! Wenn ich dich steche, dann geh ich selbst unter und sterbe, weil ich doch nicht schwimmen kann.« Das überzeugt den anfangs skeptisch gewesenen Frosch und er willigt ein. Wenige Meter vor dem anderen Ufer sticht der Skorpion zu. Der Frosch spürt einen schrecklichen Schmerz und während er erfolglos um sein Leben kämpft, will er von seinem Mörder wissen: »Warum nur hast du das getan? Jetzt sterben wir beide und du wirst deine Familie nie wieder sehen!«, woraufhin dieser auf seinen Charakter verweist, dem er seiner Ansicht nach ausgeliefert ist: »Ich weiß, es tut mir auch leid, aber ich bin eben ein Skorpion und Skorpione stechen nun mal!«

Diese traurige Geschichte beschreibt treffend den größten Drang von uns Menschen – und damit einen weiteren Grund, warum wir uns nur ungern verändern: eins zu bleiben mit unserer geglaubten Identität. Danach streben wir unbewusst unaufhörlich, weil es uns Sicherheit gibt, in unserer bekannten Rolle, in unserem gewohnten Programm zu verweilen.

Viele definieren sich etwa über ihren Beruf: *»Hallo, ich bin der Klaus und ich bin Anwalt«* ist ein Satz, den du in Variation sicher schon oft gehört hast. Andere beschreiben sich über Charaktereigenschaften: *»Weißt du, ich bin einfach eine treue Seele.«* Eine solche treue Seele ist gemeinhin jedem treu, nur nicht sich selbst, denn häufig können auf diese Weise gestrickte Menschen keine Grenzen setzen und nicht »Nein!« sagen. Worüber auch immer du dich definierst: Die von deinem inneren Tyrannen für dich ausgesuchte Identität hält dich davon ab, ganz und gar du selbst zu sein – und sie gefährdet dein Glück und deine Sicherheit nonstop. Inwiefern tut sie das? Stell dir vor, du denkst von dir und sagst über dich: *»Ich bin eine erfolgreiche Ärztin!«* Was passiert, solltest du aus irgendeinem Grund eines Tages keine erfolgreiche Ärztin mehr sein? Wenn du beispielsweise Chirurgin warst und dir deine Hand so schwer verletzt, dass du nicht mehr operieren kannst, oder weil du eines Tages nicht mehr als erfolgreich giltst oder dich einfach nicht länger so fühlst, dann würdest du mental in ein tiefes, schwarzes Loch fallen.

Diese »Ich bin«-Sätze sind übrigens der Grund, warum manche Therapieformen keine echte, dauerhafte Veränderung bringen (wenn sie auch aufgrund der Erleichterung, die sie dem Betreffenden bescheren, ungeachtet dessen ihre Berechtigung haben): weil so wenig an der limitierenden Identität gerüttelt wird! Im Gegenteil: Oft wird die Identität noch zementiert. Sich beispielsweise vor eine Gruppe zu stellen und zu sagen: *»Mein Name ist Peter und ich bin Alkoholiker«* bestärkt Peters inneren Tyrannen darin, zu verhindern, dass Peter sein Alkoholproblem in den Griff bekommt. Es würde etwas komplett anderes mit Peters Geist – und zeitgleich mit seinem inneren Tyrannen – machen, würde er sich stattdessen mit den folgenden Worten vorstellen: *»Mein*

Name ist Peter und ich bin jemand, der noch keinen besseren Weg gefunden hat, negative Emotionen auszuhalten, als sich zu betrinken.« Es ist etwas anderes, zu denken oder auszusprechen: *»Ich bin mit dem falschen Mann zusammen«* oder *»Ich hab noch nicht gelernt, konstruktiv mit meinem Mann zu kommunizieren.«* Genauso macht es einen Unterschied, ob jemand meint: *»Ich bin beziehungsgestört«* oder *»Bislang war ich nicht kompetent bei meiner Partnerwahl«*, und *»Ich bin ein Versager«* ist nicht das Gleiche wie *»Ich bin jemand, der seine Ziele noch nicht erreicht hat.«* Falls das für dich nach Schönrederei klingt und du dir denkst: *»Na ja, aber wenn jemand sein Leben lang nichts auf die Reihe gekriegt und nie irgendetwas abgeschlossen hat, dann gibt es doch nichts zu beschönigen!?«*, dürfen wir dich daran erinnern, dass diese Haltung auch nur ein Konstrukt ist – und dass du wohlwollend mit dir reden, dich gut behandeln und dich weiterentwickeln darfst, was auch immer du bisher in deinem Leben getan hast. Immerhin hat sich noch selten jemand positiv verändert, indem er schlecht mit sich selbst umgegangen ist.

Jede Aussage, die dich auf eine bestimmte Identität limitiert, ist eine Lüge.

Ob du über dich denkst: *»Ich bin sportlich«* oder *»Ich bin unsportlich«, »Ich bin fleißig« oder »Ich bin faul«, »Ich bin erfolgreich«* oder *»Ich bin erfolglos«* – das ist alles falsch. Vergiss deshalb alle »Ich bin«-Sätze, lösch sie am besten gleich aus deinem System und bau eine neue Gewohnheit auf, indem du nur mehr »Ich mache«-Aussagen denkst und aussprichst.

Die wahrscheinlich wichtigste Erkenntnis ist: Wer du bist, ist nicht in Stein gemeißelt. Welche Identität du dir für dich ausgesucht hast oder dir von deinem inneren Tyrannen oktroyieren hast lassen, ist nicht von einem Stacheldraht umzäunt, in Beton gegossen und auf dem Meeresboden versenkt worden. Du bist nämlich kein Skorpion!

Wer du zu sein glaubst, ist bloß Gewohnheit.

Dein Denken, Fühlen – und auch dein Handeln – hast du aus deiner bisherigen Lebensgeschichte mitgenommen, hast du von anderen gelernt und haben deine Erfahrungen aus dir gemacht. Du bist aber weder Opfer deiner Vergangenheit noch musst du der Handlanger deines inneren Tyrannen bleiben. Eine »Ich bin nun mal so und kann nicht aus meiner Haut«-Einstellung wie die des Skorpions ist keine Ausrede. Du kannst sehr wohl anders! Du bist, was du immer wieder tust und denkst. Anders gesagt: breite Schultern, schmale Taille – und jeder weiß, was deine Gewohnheiten sind. Das gilt genauso umgekehrt und für alles im Leben: Du hast es in der Hand, dich neu zu entscheiden, dich neu zu erfinden und damit Verantwortung für dich und deine Zukunft zu übernehmen, indem du deinen inneren Tyrannen in seine Schranken verweist.

Mit dem Lesen dieses Buches arbeitest du bereits an deiner Bewusstwerdung. Wenn du dich nun fragst: *»Wer bin ich tatsächlich?«*, geben wir dir an dieser Stelle gern eine Antwort darauf. Zum Vergleich und besseren Verständnis zunächst noch mal, was du *nicht* bist: Du bist nicht dein Name, nicht deine Rollen und damit genauso wenig die Emotionen, die aus den Bewertungen deiner jeweiligen Rolle entstehen.

Du bist die Wahrnehmung, du bist der Beobachter von all dem.

Du bist eins mit allem und somit nicht ein kleiner Tropfen des Lebens, sondern das ganze Leben in einem kleinen Tropfen. Auch die Identität, mit der du dich wohlfühlst, limitiert dich, wie wir vorhin schon gesehen haben, als es um eine Zielvorstellung ging. Darum gilt es, all deine Rollen gehen zu lassen und zu verinnerlichen: Du bist der Beobachter, du bist die Wahrnehmung. Das bist du. Mehr ist da nicht. Dein Körper hat seine Limitierungen.

Wir haben dich schon darauf vorbereitet, dass die Menschen, die dich mögen und lieben, vermutlich nicht gleich mit wehenden Fahnen auf deinen Zug der Veränderung aufspringen werden. Damit du kein falsches Bild von deinen Verwandten und Freunden kreierst, sei eines klar festgehalten: Sie versuchen dich nicht zurückzuhalten, weil sie dir kein Glück gönnen würden, sondern weil sie Angst haben, dich durch dein neues Verhalten oder die geänderte Lebenssituation an eine andere Gruppe von Menschen zu verlieren. Hinzu kommt, dass du durch deine Veränderung ihr Gruppengewissen zu enttäuschen drohst. Da sie wie du Opfer ihres inneren Tyrannen sind, können sie nur schwer aus ihrer Haut, was das betrifft. Darum werden dich Menschen, die dich lieben, in deiner Veränderung (zumindest zunächst) nicht unterstützen. Sei trotzdem entspannt: Sie werden sich mit der Zeit schon daran gewöhnen, hab einfach ein wenig Geduld mit ihnen!

Warum deine Eltern der Schlüssel sind

Kinder wünschen sich, dass ihre Eltern perfekt sind. Allerdings sind Eltern auch nur Menschen – und sie wurden ebenfalls meist von völlig unbewussten Eltern erzogen. Das ist vielleicht eine der wichtigsten Erkenntnisse für dich, denn erst, wenn du deine Eltern annehmen kannst, wie sie waren und sind, wirst du in Folge das Leben an sich annehmen können. Solange du das Gefühl hast, sie würden dir noch etwas schulden, solange du ihnen vorwirfst, sie hätten so viel falsch gemacht, kannst du dein Leben nicht annehmen. Bis diese Gedanken und Gefühle in dir gelöst sind, wirst du nicht akzeptieren können, wie das Leben zu dir gekommen ist.

Du bist allerdings nicht allein mit diesem Entwicklungsprozess: Wir leben in einer Gesellschaft, in der ein Großteil der Menschen den Wohlhabenden zuzurechnen ist. Gleichzeitig gibt es laufend mehr Therapeuten, Psychologinnen, Psychopharmaka, Suizide, psychische Krankheitsbilder, Phobien – und auf der anderen Seite immer weniger Ahnenverehrung. Wir schließen daraus, dass uns der Rückhalt fehlt. Menschen aus Kulturen, in denen jeder weiß, er ist die »Tochter von« oder der »Sohn von«, können sich energetisch und mental an ihre Vorfahren anlehnen. Das macht wohl einen größeren Unterschied, als wir wahrhaben wollen. Dabei ist es sonnenklar: Ein Baum ist immer nur so stark, wie er tief verwurzelt ist.

Wie wohl kann sich ein Apfel fühlen, der sagt: »Mein Baum ist nicht gut genug«?

Wer seine Eltern ablehnt, lehnt gleichermaßen sich selbst ab, nachdem wir alle zu fünfzig Prozent aus unserer Mutter und zu fünfzig Prozent aus unserem Vater entstanden sind. Und wer Charaktereigenschaften seiner Eltern nicht akzeptieren kann, der wird ihnen immer ähnlicher werden, denn was wir nicht annehmen wollen, das ziehen wir umso mehr an. Darum gibt es ja so viele alkoholkranke Kinder von Alkoholikern.

Die Lösung ist einfach: Je mehr du dir erlaubst, Kind zu sein – das Kind deiner Eltern –, je mehr du es schaffst, dich anzulehnen, je stärker du dich verwurzelt fühlst, desto fester und unerschütterlicher wirst du im Leben stehen. Du bist die Spitze einer Formation und hinter dir befindet sich eine lange Kette von Ahnen: als Erstes deine Eltern, hinter ihnen jeweils deren Eltern, danach deine Urgroßeltern und so weiter – bis zu den ersten Menschen auf dieser Welt. Überleg mal für dich, wie anmaßend es in Wahrheit ist, deinen Eltern Vorwürfe zu machen oder ihnen wegen irgendetwas gram zu sein! Genau das ist es, was dein innerer Tyrann bisher ausgenutzt hat: Wenn du unzufrieden mit deinem Leben bist, sprichst nicht du als Erwachsener darüber, sondern dann redet er dir das ein, und zwar mit der Haltung eines beleidigten, patzigen Kindes. So gesehen sorgt er dafür, dass du nie wirklich erwachsen wirst, sondern ein Kind bleibst und nur so tust, als wärst du ein Erwachsener. Du spielst durch seinen Einfluss Erwachsensein. Dabei wäre es wesentlich zielführender, in Bezug auf deine Eltern ein wenig Demut zu zeigen. Demütig zu sein bedeutet nicht, dich zu erniedrigen – es meint, die Größe zu haben, sich einzugestehen, dass du »nur« das Kind deiner Eltern bist. Vielleicht hast du schon von Familienaufstellungen gehört? Bei ihnen geht es darum, die natürliche Ordnung in einem Familiensystem herzustellen, damit sich Konflikte und nachhaltige Probleme lösen können. Der Kern dieser Ordnung ist, dass sich das Kind kleinmacht. Dann kann es eine adäquate Haltung einnehmen und in Richtung seiner Eltern sagen: *»Ihr seid die Großen, ich bin der/die Kleine. Ihr gebt, ich nehme, und euch zu Ehren gehe ich und mache das Beste aus meinem Leben. Eure Probleme sind mir viel zu groß. Die gab es schon, bevor ich auf der Welt war. Das, was zwischen euch beiden ist, geht mich nichts an – ich geh spielen!«*

Bis du deine Eltern nicht so, wie sie waren, angenommen hast – und damit auch dich und deine Geschichte nicht – und dieses Mindset nicht verinnerlicht hast, sondern dir denkst, du hättest zu wenig von deinen Eltern bekommen, ist eine wahrhaftig glückliche Paarbeziehung für dich unmöglich. Es ist wie ein Naturgesetz: Niemand, der sich über seine Eltern stellt, indem er sie für schlecht hält, kann eine glücksbringende Partnerschaft führen. Um eine solche Beziehung anzuziehen, ist es notwendig – ja Voraussetzung –, dass du vor deinen Eltern das Kind sein kannst. Das bildet die erste Stufe beim Erwachsenwerden. Erst wenn das gelingt, hast du Chancen, die zweite zu bewältigen: eine Partnerschaft auf Augenhöhe zu leben, was wiederum die Voraussetzung für die dritte Stufe des Erwachsenseins ist, nämlich die Elternschaft für ein Kind zu übernehmen. Natürlich kann jeder Kinder zeugen und irgendwie großziehen, ohne diese Entwicklungsstufen erfolgreich genommen zu haben. Doch wie er das tut, ist eine andere Geschichte. Und Fakt ist: Eine glückliche, gute Beziehung zu anderen (ob zum Lebenspartner oder zu den eigenen Kindern) kann nur eingehen, wer sich mit seiner Herkunftsfamilie ausgesöhnt hat.

Wer diese Lebensaufgabe nicht annimmt, wird immer getrieben bleiben.

Bist du mit deinen Eltern nicht im Reinen, hat dein innerer Tyrann vermutlich mindestens einen der folgenden Glaubenssätze in dir zementiert:

- *»Ich bin nicht gut genug.«*
- *»Ich muss stark sein«* bzw. *»Ich darf nicht schwach sein!«*
- *»Ich sollte es selbst machen«* bzw. *»Wenn ich es nicht mache, dann machts keiner.«*

Daraus entstehen Muster, durch die du dir schwertust, jemandem etwas schuldig zu bleiben, und leichter darin, etwas zu geben, und Situationen, in denen du dir Beziehungen suchst, innerhalb derer du oben stehst, weil du dich um den anderen kümmerst. Es ist wichtig, dir einzugestehen, dass Eltern auf unterschiedliche Weise geben: Mal sind sie Vorbilder für ihre Kinder, mal sind sie Warnungen. Und falls du zu jenen Menschen gehörst, die unter keinen Umständen so werden wollten wie ihre Eltern, lass dir ein weiteres Mal von uns versichern:

Deine Eltern abzulehnen, wird dich ihnen nur ähnlicher machen.

Wir möchten unseren Eltern unbewusst ohnehin ähneln, denn es gibt keinen größeren Liebesbeweis, als die schlechten Eigenschaften von jemandem zu kopieren und zu übernehmen – und Kinder lieben ihre Eltern im Innersten für gewöhnlich unabhängig davon, was sie von ihnen bekommen oder nicht bekommen haben. Fakt ist: Jedes Kind hat eine Verbindung zu seinen Eltern – entweder über Ablehnung oder über Liebe. Selbst wenn ein Kind einen Elternteil oder sowohl Mutter als auch Vater nie kennengelernt hat, so hat es dennoch ein Gefühl zu ihm oder ihnen, das diese Verbindung ausmacht. Daraus ergibt sich: Solange du im Widerstand, also in der Angst mit deinen Eltern lebst, kann die Liebe nicht fließen, und du bist mit dem, was ist, unsicher und damit nicht im Reinen.

Falls du dich fragen solltest, wie es konkret aussieht, Kind vor den Eltern zu sein, um die Aussöhnung durchzuführen, lass dich auf folgendes Gedankenexperiment ein: Stell dir mal vor, du hättest ein Kind, das auf dich zukommt und sagt: *»Mama/Papa, ich brauch nichts von dir, ich küm-*

mere mich selbst darum, ich weiß schon alles!« Wie würde sich das anfühlen? Würde dich diese Haltung größer oder kleiner werden lassen? Du merkst sicher schon in der Vorstellung, dass es dich kleiner machen würde. Sagt dein Kind hingegen zu dir: »Mama/Papa, nimm mich in den Arm, ich brauch dich, hilf mir!«, dann wächst du durch diese Haltung. Was sagt uns das? Eltern gehören belastet. Sie können ihren Kindern nur etwas geben, wenn diese es zulassen.

Lass die gerade erwähnten Stufen des Erwachsenseins noch ein wenig auf dich wirken:

- Kind sein vor den Eltern
- eine Partnerschaft auf Augenhöhe führen
- Eltern sein für ein Kind

Die eigenen Eltern nicht auf diese Weise zu achten, lässt einen an der Situation festhalten, ihnen etwas beweisen zu wollen. Und das gibt dem inneren Tyrannen Futter bis ans Ende deiner Tage! Solange das nicht gelöst ist, lebst du nie dein Leben, triffst nie deine Entscheidungen, sondern machst alles aus dieser Wut, Angst, aus diesem Schmerz heraus, der dich deine Kindheit nicht annehmen lässt. Damit wirst du nie du selbst werden können, sondern die Marionette deines inneren Tyrannen bleiben, da viele Probleme in deiner Gegenwart unerledigte Entwicklungsaufgaben aus deiner Herkunftsfamilie sind, deren fehlende Aufarbeitung ein Festmahl für deinen inneren Tyrannen sind. Die Haltung *»Mama, Papa, ich nehme euch zum vollen Preis, den es euch gekostet hat und zum vollen Preis, den es mich kostet«* hat eine tiefe Bedeutung auf dem Weg zu einem Leben ohne den inneren Tyrannen, da die Ursachen dafür, dass du nicht das Leben deiner Träume leben kannst, in systemischen Verstrickungen von früher zu finden sind. Anders gesagt: Häufig ist das, was dich jetzt belastet, gar nicht durch dich selbst entstanden, sondern durch Ereignisse, die in deiner Herkunftsfamilie passiert sind und die mehrere Generationen überspringen können. Kleine Kinder haben etwa das natürliche Bedürfnis, ihren Eltern nahe zu sein, weil sie Liebe und Zuwendung brauchen, um überleben zu können. Wird nun ein Kind von der Mutter getrennt und kann ihr deshalb nicht nahe sein, bekommt dieses Kind Todesangst. Dieses Gefühl brennt sich tief ins Unbewusste ein und sorgt dafür, dass Beziehung in weitere Folge diese Todesangst wieder auslöst. Menschen, denen das als Baby oder Kleinkind passiert ist, haben oft Schwierigkeiten, ihre Verletzlichkeit auszuhalten und zu zeigen. Sich auf eine Beziehung einzulassen, erinnert an einen tiefen früheren Schmerz, den der innere Tyrann in Wahrheit ein weiteres Mal verhindern will, weil er letztlich eine positive Absicht verfolgt. Die Lösung ist auch hier, durch diese Angst zu gehen und in Beziehung zu treten, um zu erleben, dass es nicht mehr lebensgefährlich ist, jemandem zu vertrauen und nahezukommen.

Solche Erlebnisse können unter Umständen auf die eigenen Kinder übertragen werden. Das äußert sich dann beispielsweise im erlernten, übernommenen Gefühl *»Es bringt mich um, keine Beziehung zu haben«*, was dazu führen kann, dass jemand von einer in die nächste Partnerschaft stolpert, weil er das Alleinsein nicht aushält, da der Abbruch von Beziehung Todesangst auslöst. Schafft die aktuelle Generation es nicht, ein solches einschränkendes und bedrohliches Muster aufzulösen, wird die nächste Generation damit zu kämpfen haben, weil derartige Erlebnisse praktisch von einem inneren Tyrannen zum nächsten weitergegeben werden.

Zu genau diesem Thema findest du auf Seite 199 einen kompletten Fragenkatalog, der dir dabei helfen wird, deine dich limitierenden Glaubenssätze, deine dich blockierenden Muster zu verstehen, dich besser kennenzulernen im Umgang mit dir und anderen – und zu erkennen, warum dein innerer Tyrann so agiert, wie er es tut, wodurch du dir fallweise selbst im Weg stehst und was eine Veränderung unmöglich macht.

Wie du deine Emotionen managen kannst

Eines wirst du hoffentlich für dich entschieden haben: Du möchtest nicht länger von deinem inneren Tyrannen negativ beeinflusst werden. Wenn er dir nicht (mehr) dienlich, sondern als Konstrukt ausschließlich hinderlich ist, darfst du ihn loslassen. Dazu gehört es auch, nicht der Handlanger deiner Emotionen zu sein, die er dir kredenzt, sondern zu lernen, wie *du sie* kontrollieren kannst. Immerhin möchtest du den Tiger reiten, statt dich von ihm reiten zu lassen ... Deshalb ist es Zeit, uns eingehend mit den Emotionen zu beschäftigen.

Im alltäglichen Sprachgebrauch vermischen wir Gefühle und Emotionen – als wären diese beiden Empfindungssorten ein und dasselbe und würden alles gleichermaßen bezeichnen, was wir spüren können. In der Psychologie und in den Neurowissenschaften unterscheiden wir allerdings recht deutlich zwischen Gefühlen und Emotionen, verwenden die beiden Begriffe nicht als bedeutungsgleiche. Unter einem Gefühl verstehen wir die jedem Menschen angeborene Fähigkeit, zu empfinden: Wir fühlen Durst, Hunger, Kälte, Wärme, Schmerz, Lust, aber auch Geborgenheit und Zufriedenheit bereits als Neugeborene. Offensichtlich bilden sie den gemeinsamen Nenner aller Menschen, denn niemand spürt für gewöhnlich gern Schmerz und jeder mag es, sich zufrieden zu fühlen. Eine Emotion ist im Unterschied dazu ein Produkt unseres Fühlens, das durch Gedanken, Meinungen, eine Haltung, Vorstellungen, Erwartungen oder Wünsche bedingt ist. Ohne all diese Parameter wären wir beispielshalber nicht aufgeregt. Die Emotion der Nervosität ist deshalb – wie alle mentalen Vorgänge – relativ, da wir mit unseren Gedanken Täuschungen aufsitzen oder uns schlichtweg irren können. Und genau hier kommt der innere Tyrann ins Spiel, der uns zwar in Bezug auf unsere Gefühle nichts vormachen kann, sehr wohl aber fähig ist, uns diverse Emotionen einzureden, indem er etwa behauptet: *»Zu einem Be-*

werbungsgespräch gehört eine Portion Aufregung!«, was dich sofort in den Zustand des Aufgeregtseins katapultiert. Wenn du einer solch eingepflanzten Emotion erliegst, dann sind die durch sie ausgelösten Gefühle ebenfalls falsch, weil sie dem realen Sachverhalt nicht angemessen entsprechen. Du weißt ja inzwischen, dass viele deiner gedanklichen Konzepte aus frühen Entwicklungsstadien deines Menschseins stammen und dein innerer Tyrann ihre Weiterentwicklung verhindert hat. Deine Gefühle sind jederzeit echt, sie kommen immer von dir, aber die Emotionen, die du empfindest, entspringen in den meisten Fällen dem, was dein innerer Tyrann in deiner Herkunftsfamilie aufgeschnappt und verinnerlicht hat. Das bedeutet:

Die Emotionen kommen nicht zu dir, sondern du holst sie dir, du gehst zu ihnen hin.

In deinem bisherigen Leben hast du vermutlich nicht gelernt, zu unterscheiden, ob ein mentaler Inhalt in dir entsteht oder durch andere Menschen über deinen inneren Tyrannen praktisch in deinem Kopf abgelegt worden ist. Allerdings dürfte sich bestimmt schon öfter bewiesen haben, dass du deinen Gefühlen mehr trauen kannst als deinen Gedanken. Wenn etwa an einem Topf auf dem Herd ein Zettel kleben würde, auf dem »Vorsicht: heiß! Nicht anfassen!« stünde, du von ihm ausgehend aber keine Hitze wahrnehmen könntest, dann würdest du sicher dein Gefühl als die zuverlässigere Informationsquelle akzeptieren. Natürlich ist das im Alltag nicht in jeder Situation so einfach zu erkennen, weshalb du deinem Fühlen trotzdem von Zeit zu Zeit misstrauen wirst.

Allein durch das Lesen dieses Buches bis hierher wirst du erkannt haben, wie viele deiner (oft unerwünschten)

Emotionen von deinem inneren Tyrannen kommen und auf erlernten falschen Vorstellungen beruhen, die einer vernünftigen Überprüfung gar nicht standhalten würden. Und jetzt geben wir dir außerdem drei Werkzeuge in die Hand, durch die du lernen wirst, mit deinen Emotionen umzugehen, wodurch dein innerer Tyrann keine Chance mehr hat – damit du künftig deine Emotionen managen kannst, anstatt dich durch deinen inneren Tyrannen von ihnen manipulieren zu lassen.

1. Emotionen managen durch deinen Körper

Zwischen Körper und Geist besteht eine Wechselwirkung. Das Wissen um diese Tatsache bildet ein mächtiges Instrument, um deinen Emotionen nicht länger ausgeliefert zu sein.

Stell dir folgende Szene vor: Du siehst einen Film, in dem ein Mann spazieren geht. Ohne dass er es aussprechen müsste, macht seine Physiologie erkennbar, dass er traurig ist: Er bewegt sich langsam und schleppend, atmet flach, seine Gesichtszüge hängen nach unten, seine gesamte Körperhaltung ist schlaff. Wenn er wenige Szenen später wütend ist, wird das komplett anders aussehen – du wirst die Emotion der Wut ebenfalls an seiner Mimik, Gestik und Körperspannung erkennen.

Dein Körper bestimmt, wie du dich fühlst.

Du kannst kaum positive Emotionen in deiner Körperhaltung ausdrücken und dich gleichzeitig innerlich schlecht fühlen! Damit hast du es in der Hand, dich durch die passende Körperhaltung jederzeit in einen guten Zustand zu bringen.

Du kannst deine Körperhaltung, die Geschwindigkeit in deiner Bewegung und deine Mimik bewusst einsetzen, um deine Stimmung zu ändern. Sobald du das durchschaust und umsetzt, hat dein innerer Tyrann das Nachsehen. Probier es einfach aus und du wirst am eigenen Leib erfahren: Es ist schwierig, ohne wütenden Gesichtsausdruck und mit sanfter Stimme mit jemandem zu streiten – zu Letztgenanntem kommen wir nachher noch gesondert. Überkommt dich eine negative Emotion, dann geh, steh und atme so, als ob du eine Person des öffentlichen Interesses wärst und dir ein glückliches Leben verdient hättest. Falls du dir jetzt überlegen solltest, ob das funktioniert, wenn es nicht »echt« ist, können wir dich sofort beruhigen: Dein Gehirn kann nicht unterscheiden, ob du absichtlich so stehst oder das unbewusst von einem Gefühl oder eine Emotion ausgelöst tust. Zur Unterbrechung eines negativen Gefühls ist es darum das Einfachste, was du tun kannst, dich in eine Position zu bringen, die einem guten Zustand entspricht. Schon eine Kleinigkeit in deinem Körper zu verändern, wird den Unterschied machen.

Mach dir das nicht nur in einer bestimmten Situation zunutze, sondern trainier das wie eine Sportart und du wirst sehen: Je regelmäßiger du das übst, indem du darauf achtest, dass du so gehst, stehst, und atmest, als ob du prächtig gelaunt wärst, desto weniger gefährdet wirst du sein, in eine schlechte Stimmung zurückzufallen.

Menschen aus nördlichen Ländern, in denen es vorwiegend kalt ist, sind körpersprachlich merklich verhaltener unterwegs, weil sie sich durch die Kälte physiologisch automatisch zusammenziehen, den Kragen ihres Mantels hochstellen und die Hände in die Taschen stecken, um sich vor dem Gefühl des Frierens zu schützen, während Menschen aus südlichen Ländern raumfüllende Bewegungen machen, lebendiger in ihrer Gestik – und genauso in ihren Emotionen – sind. Auch das zeigt, wie stark Körper und Befindlichkeit einander bedingen. Wenn du dich deinen Emotionen unbewusst völlig hingibst, dich dem, was dein innerer Tyrann dir einsagt, auslieferst, anstatt selber darüber zu bestimmen, wie du dich fühlst, wirst du niemals die Regie für das Drehbuch deines Lebens übernehmen.

Nur im besten Zustand kannst du die beste Version deiner selbst sein und bestmögliche Ergebnisse mit deinen Handlungen erzielen.

Entdecke für dich, dass du Einfluss auf deine Emotionen (und damit auf deinen inneren Tyrannen) hast und dass Glückshormone Stresshormone killen!

Weil dein Körper der Dreh- und Angelpunkt für die aufpoppenden Emotionen ist, geht es darum, immer häufiger und schneller zu bemerken, wenn du dich gerade schlecht fühlst und dich sofort in eine bessere Körperhaltung zu bringen. Da kann es schon reichen, dich aufrecht vor einen Spiegel zu stellen und dich selbst anzulächeln. Im hektischen Alltag kannst du solche Zustände nur abrufen, sofern dein Körper sie gewohnt ist, weshalb du sie üben musst, bis eine neue Gewohnheit daraus entstanden ist. Fragst du dich gerade, wie oft du das wiederholen wirst müssen, damit es zur Gewohnheit wird? Ein Forscherteam des University College London hat 2010 im Zuge einer Studie herausgefunden, dass einfache Handlungsabläufe und Verhaltensweisen wie täglich eine Flasche Wasser leer zu trinken oder eine Viertelstunde laufen zu gehen, im Schnitt sechsundsechzig Tage benötigen, um sie automatisiert in unser Alltagsleben zu integrieren. Die Ergebnisse variierten allerdings je nach Versuchsperson und Gewohnheit, weshalb sich vor allem eines sagen lässt: Eine für alle Menschen und jegliche Gewohnheit gleichermaßen geltende Zeitangabe für Veränderung gibt es nicht. Ein, zwei Monate solltest du auf jeden Fall dranbleiben, wenn du es dir angewöhnen möchtest, die Physiologie deines Körpers zu deinem Vorteil zu nutzen. Damit das gelingt, setz dir Erinnerungen für eine positive Körperhaltung, indem du dir vornimmst: »*Immer, wenn ich an einer roten Ampel stehe, bring ich mich in eine gute Körperhaltung!*« oder »*Jeden Morgen und Abend beim Zähneputzen achte ich auf eine gute Körperspannung!*«

Um einem Missverständnis vorzubeugen, lass uns eines noch auf den Punkt bringen, damit das nicht untergeht: Passiert etwas wirklich Tragisches in deinem Leben, so darfst und solltest du selbstverständlich traurig sein oder trauern, aber du solltest nicht für immer in diesem Zustand bleiben müssen, weil du dich ohnmächtig und hilflos ausgeliefert fühlst.

2. Emotionen managen durch deine Stimme und deine Art zu sprechen und zu formulieren

Neben deinem Körper gibt es noch etwas, das sich unmittelbar auf dein Wohlbefinden auswirkt: deine Stimme und deine Art zu sprechen. Wie beim Körper stehen auch Stimme wie Sprechweise in Wechselwirkung zum Zustand. Die Begriffe »Stimme« und »Stimmung« verraten schon, wie nahe sie beieinanderliegen: Wir können mittels unserer Stimme und der Art, wie wir sprechen, kaum verbergen, was wir gerade fühlen und denken.

Dabei geht es nicht bloß darum, sowohl einzelne Wörter als auch deine Worte mit Bedacht zu wählen, sondern zudem um die Art, wie du sie aussprichst. *Was* du sagst, kannst du leichter planen, aber *wie* du etwas sagst, wird von deiner Gefühlslage abhängen: vom Grad der Entspanntheit und davon, ob du gerade unter Stress stehst oder nicht.

Die Stimme lügt nicht – man muss nur genau zuhören.

Wie du stimmlich klingst und mit Sprache umgehst, hat enormen Einfluss darauf, wie du dich selbst fühlst und wie sich andere im Umgang mit dir fühlen. Du kennst das sicher: Allein der Tonfall kreiert eine Situation: Du kannst deinen Partner beim gemeinsamen Abendessen um das Salz bitten, als ob er einen Fehler gemacht hätte, oder in einer liebevollen Art und Weise – und den Unterschied macht ausschließlich deine Stimme.

Mütter können vom Klang der Stimme ableiten, ob ihre Kinder gerade schwindeln oder die Wahrheit sagen. Männer hören normalerweise heraus, wenn ein in einer bestimmten Tonlage ausgesprochenes *»Nichts!«* von ihrer Partnerin auf die Frage *»Was hast du denn?«* das Gegenteil der Aussage bedeutet. Und deine beste Freundin erkennt am Telefon sofort, ob es dir gut oder schlecht geht.

Da du nun um die Zusammenhänge und Wechselwirkungen zwischen Gefühlslage und Tonalität weißt, kannst du dieses Tool ab jetzt in deinem Sinne einsetzen, damit du dich besser fühlst, sobald sich unangenehme Emotionen breitmachen. Hinzu kommt wie schon angekündigt die Sprache an sich: welches Vokabular du verwendest. Dass Schimpfwörter eine andere Stimmung zaubern als positiv und freundlich konnotierte Wörter, dürfte klar sein. Sowohl dein interner Dialog mit deinem inneren Tyrannen als auch jedes Gespräch mit anderen Personen leidet oder profitiert von deinem verwendeten Wortschatz.

Wer in seiner Sprache limitiert ist, ist auch in seinen emotionalen Fähigkeiten limitiert.

Fehlen dir die Worte, so fehlt dir die Möglichkeit, das Maximum zu fühlen bzw. deine Gefühle zum Ausdruck zu bringen. Vielleicht kennst du das von einer Fremdsprache, die du in ihren Grundzügen, aber nicht annähernd sattelfest wie deine Muttersprache beherrschst: Hier stößt du wahrscheinlich viel früher an deine Grenzen, was deine Fähigkeit, deine Sichtweise zu artikulieren, betrifft. Weiteren Einfluss auf eine Situation hat die Sprechgeschwindigkeit: Ein geringes Tempo ist ermüdend und macht unter Umständen richtiggehend schläfrig – und zwar Zuhörende genauso wie den Sprecher.

Nochmals zurück zum internen Dialog in deinem Kopf: Überleg mal, was du dir selbst sagst bzw. dir von deinem Tyrannen sagen lässt, wenn du etwas tust, mit dem du nicht zufrieden bist – beispielsweise die Schokolade am Abend naschen, nachdem du brav trainieren warst, weil du dir einen gesünderen Lebensstil angewöhnen wolltest. Dieser interne Dialog beeinflusst deine Stimmung natürlich enorm, weil Aussagen wie *»Du bist einfach zu schwach, um diszipliniert zu bleiben!«* oder *»So wirst du es nie schaffen, fitter zu werden!«* alles andere als förderlich für das Wohlbefinden sind. Aber: Was du dir von deinem inneren Tyrannen anhören musst, kann er dir nur einflüstern, weil du es ihm erlaubst. Du bist nicht die Stimme deines inneren Tyrannen, sondern die Wahrnehmung davon! Darum hast du durchaus Einfluss darauf, was er dir wie zuflüstert. Hast du ihn erst mundtot gemacht, übernimm das Zepter ganz (selbst)bewusst und achte fortan auf die Art und Weise, wie du mit dir selbst redest! Auch hier kommt es nicht nur darauf an, was du sagst bzw. denkst, sondern ebenso auf das Wie: Ein Jammerton hält dich in einem negativen Loop gefangen, aber wenn du deinem inneren Tyrannen gedanklich eine komplett andere Stimme gibst – wie die erotische einer Marilyn Monroe oder die kindliche einer Mickey Mouse, kann das ein wunderbarer Unterbrecher für deine schlechte Stimmung sein.

Du siehst schon: Sprache ist ein wunderbares Werkzeug, um mit dir selbst und anderen in wohlwollenden, konstruktiven und wertschätzenden Kontakt zu treten, einen guten ersten Eindruck zu hinterlassen und einen echten Unterschied in der Art der Kommunikation zu machen. Achte deshalb drauf, was du sagst und wie du es sagst – das wird positivere Emotionen bei dir und deinen Mitmenschen bewirken – und mach dir das in Situationen der Nervosität, Wut, Angst oder Traurigkeit zunutze!

3. Emotionen managen durch deinen Fokus

Die dritte Säule, auf der deine Emotionen liegen und die du dir vornehmen kannst, um nicht länger die Marionette deines inneren Tyrannen zu sein, ist der Fokus: die Fragen, die du dir stellst, und die Gedanken, denen du glaubst.

Die Qualität deiner Fragen bestimmt die Qualität deiner Antworten.

Was meinen wir damit? Dein Unbewusstes ist ununterbrochen auf der Suche nach Gefahr, weil das limbische System in deinem Gehirn dich immer noch vor dem Tod durch den Angriff eines Säbelzahntigers beschützen möchte. Aus diesem Grund sind Headlines in Zeitungen übrigens meistens angstmachend formuliert: weil dadurch der auf Angst programmierte Autopilot ausgelöst wird. Wenn du dich diesem automatischen Prozess auslieferst, indem du es deinem inneren Tyrannen überlässt, sich dieser Waffe zu bedienen, wirst du nie die Herrin bzw. der Herr über dein Fühlen, Handeln und Entscheiden werden, sondern ewig in seiner Knechtschaft bleiben.

Weil du dich über all die Jahre daran gewöhnt hast, von ihm vorgesetzt zu bekommen, was du denkst, fokussierst du unbewusst permanent das, was du nicht willst, was du vermeiden möchtest – und stellst dir in diesem Zusammenhang auch die falschen Fragen. Menschen, die in einer unerfüllten oder belastenden Paarbeziehung gefangen sind, fragen sich meist unbewusst (weil es ihr innerer Tyrann ist, der ihnen diese Frage zuflüstert): »*Warum ist er nur so ein schwieriger Typ?*«, »*Wieso schaff ich es nicht, eine glückliche Beziehung zu führen*«, »*Was passiert, wenn wir uns trennen und ich für immer allein bleibe?*« oder »*Warum ist sie nur so eifersüchtig?*« Menschen, die zu wenig Geld verdienen, stellen sich die Frage »*Was wird aus mir, wenn ich meine Schulden nicht zurückzahlen kann?*« Die Antworten, die darauf kommen, helfen ihnen freilich nicht weiter: »*Weil du dich immer in die Falschen verliebst!*«, »*Weil du beziehungsunfähig bist!*«, »*In diesem Fall wirst du ewig unglücklich sein!*«, »*Weil man dir nicht vertrauen kann*« oder »*Du wirst auf der Straße oder im Gefängnis landen!*«, wird das Unbewusste ausspucken, weil es wie Google nach möglichen Antworten auf diese Fragen sucht. Und durch diese Antworten fühlen sich die Betroffenen schlechter und schlechter.

Worauf wir fokussieren, das fühlen wir – und das sehen wir dann auch.

Das glaubst du nicht? Dann schau dich jetzt konzentriert um, wo du dich gerade befindest, und versuch dir einzuprägen, was rund um dich alles braun ist. Danach schließe deine Augen und zähle auf, was alles blau ist! Fallen dir viele Dinge ein?

Worauf du fokussierst, beeinflusst das Phänomen der selbsterfüllenden Prophezeiung, von dem du vermutlich schon gehört haben wirst. Wie läuft das ab? Nehmen wir einmal an, jemand würde auf die Frage, was ihm in einer Partnerschaft am wichtigsten ist, mit »Treue!« antworten. Es ist nachvollziehbar, dass ein Mann mit dieser Erwartungshaltung folglich am meisten Angst davor hat, in seiner Beziehung betrogen zu werden. Deshalb liegt sein Fokus auf der Vermeidung von Untreue. Denkt er an Untreue, fallen ihm etliche negative Dinge ein: verletzt werden; unglücklich sein; Erniedrigung; verlassen werden; allein bleiben müssen. Weil sein Fokus auf diesen Parametern liegt, wird er schnell eifersüchtig werden und einen Drang verspüren, seine Partnerin zu kontrollieren. Dabei rückt sein ursprünglicher Wert »Treue« immer mehr in den Hintergrund, weil er nicht mit Treue, sondern mit seiner Angst beschäftigt ist, aus der sich möglicherweise ein starkes Misstrauen entwickelt, das im Falle von Eifersucht nicht selten sogar paranoide Züge annehmen kann: Wenn jemand mit diesem Fokus seine Partnerin vom Wohnzimmer aus in der Küche telefonieren und dabei laut lachen hört, geht sofort ein Film vor seinem inneren Auge ab, den zu stoppen er kaum fähig ist, weil sein innerer Tyrann ständig Öl ins Feuer gießt. Er befürchtet dann, dass sie einen anderen Mann kennengelernt haben könnte, mit dem sie sich vielleicht heimlich getroffen hat und so weiter und so fort. Kommt sie später aus der Küche zurück und sieht in das finstere Gesicht ihres Partners, wird sie vermutlich fragen: *»Was ist los?«* Meistens ist die Antwort darauf: *»Nichts ist!«* Trotzdem wird sie die schlechte Stimmung spüren und sich infolge eher nicht annähern, sondern entfernen, weil niemand sich gern mit übel gelaunten Menschen umgibt. Weil sie sich deshalb distanziert, fühlt sich der Eifersüchtige in seiner Angst bestärkt. Der Teufelskreis ist damit bereits in vollem Gange. Sollten die beiden später stillschweigend nebeneinandersitzend einen Film anschauen, ist es völlig egal, worum es darin geht – in seiner Negativspirale wird der Mann nichts Gutes für sich daraus ziehen: Wird ein glückliches Paar gezeigt, fühlt er sich im Vergleich damit schlecht; wird Untreue thematisiert, wächst seine Angst weiter. Irgendwann kocht er über und fährt sie an: *»Mit wem hast du vorher telefoniert?«* Sie kennt sich natürlich überhaupt nicht aus, weil sie das Telefonat gar nicht mehr präsent hat und es ihre beste Freundin war, die ihr etwas zu erzählen hatte. Reagiert sie deshalb irritiert, ist das aus der verschwommenen Sicht des Eifersüchtigen wiederum ein Beweis für seine Annahme. Mit seinem Verhalten hat er dafür gesorgt, dass die Stimmung sich radikal verschlechtert hat. Selten bleibt es ja bei einem einzigen solchen Moment – ähnliche Situationen werden sich üblicherweise wiederholen, bis der von Misstrauen Geplagte die Beziehung in den Graben gefahren hat, denn Eifersucht gehört zu den besten Wegen, seinen Partner loszuwerden. Sollte seine Partnerin ihn eines Tages tatsächlich verlassen, erfüllt sich damit die durch den falschen Fokus heraufbeschworene Prophezeiung: Der Teufelskreis schließt sich und der Eifersüchtige sieht sich in seiner Ursprungsangst bestätigt. Das hat nichts mit der Macht des Universums zu tun, sondern es handelt sich um die logische Folge des Prinzips »Focus goes – energy flows.«

Gedanken werden zu unserer Realität.

Wer auf das fokussiert, was er nicht will oder wovor er Angst hat, wird genau das in sein Leben ziehen. Drehen wir den Kreislauf um: Hätte der Mann aus dem Beispiel seinen Fokus auf dem Wert »Liebe« und würde er sich daraus resultierend überlegen, wie er einen besonders schönen Abend mit seiner Partnerin verbringen könnte, dann würde er sich nicht nur wesentlich besser fühlen, sondern nebenbei die Wahrscheinlichkeit erhöhen, dass die Beziehung dauerhaft Bestand hat.

Den Fokus auf das zu richten, was sich gut anfühlt, erfüllt ein geistiges, körperliches und energetisches Prinzip:

Energie folgt der Aufmerksamkeit.

Jemand, der sich Sorgen wegen Geld macht, wird deshalb immer besser darin werden, sich wegen Geld Sorgen zu machen, je öfter er sich Sorgen wegen Geld macht.

Fokussierst du somit, was du dir wünschst, wirst du deine Ziele müheloser erreichen, als wenn du das im Visier hast, was du vermeiden und umschiffen möchtest. Das kennen wir allein schon vom Autofahren, wo wir spätestens im ersten Fahrtechnikkurs zu hören bekommen: *»Schau nicht auf das Hindernis, dem du ausweichen willst, sondern dorthin, wo du den Wagen hinlenken willst!«* Mit den eigenen Gedanken verhält es sich genauso.

Dazu noch das Gleichnis von den zwei Wölfen, das du eventuell schon einmal gehört hast und das wunderbar auf den Punkt bringt, worum es geht:

Ein alter Indianerhäuptling saß einst umgeben von seinen Stammesmitgliedern am Lagerfeuer. Die Kinder unter ihnen waren bereits voller Vorfreude, weil sie wussten, er würde heute Abend eine seiner beliebten Geschichten erzählen. Diesmal gab er eine Parabel über zwei Wölfe zum Besten: »In euren Herzen leben zwei Wölfe: Der eine ist schwarz, der andere weiß. Der eine ist der Wolf der Finsternis. Er ist böse und erzeugt Krankheit in uns, er ernährt sich von Angst, Ärger, Gier, Hochmut, von Wut, Trauer und Zweifel. Der weiße ist der Wolf des Lichts. Er lebt von Liebe, Hoffnung, Freude, Güte, Demut und Dankbarkeit, von Gelassenheit, Mitgefühl, Wahrheit, Frieden und Mut.« Die Kinder saßen mit weit aufgerissenen Augen da, hörten dem alten Mann gebannt zu und riefen ungeduldig: »Und was machen die beiden Wölfe in unseren Herzen?« Der Häuptling erzählte weiter: »Die beiden befinden sich in einem ständigen Kampf gegeneinander und alles, was euch im Leben widerfährt, hat mit diesen beiden Wölfen zu tun. Sie umkreisen einander, fletschen die Zähne, knurren sich an und gehen manchmal auch aufeinander los. Sie kämpfen jedes Mal so lange, bis einer von ihnen sich ergibt oder kraftlos zu Boden sinkt. Weil sie keine gewöhnlichen Wölfe sind, sterben sie aber nicht. Sie erwachen jeden Tag aufs Neue und setzen ihren Kampf fort.« Die Kinder waren nach wie vor fasziniert und wollten das Ende der Geschichte wissen: »Erzähl doch weiter: Welcher der Wölfe gewinnt am Ende?«, woraufhin der Häuptling weise lächelte und flüsterte: »Ist das nicht offensichtlich? Es gewinnt immer der Wolf, den ihr füttert!«

Es hat Priorität, deinen Geist zur Ruhe kommen zu lassen

Kaum jemand in unserer Kultur scheint wahrlich glücklich zu sein. Die meisten wirken unablässig getrieben, auf der Suche nach etwas, oft hektisch und selten in sich ruhend. Wir wissen längst, dass man Geld nicht essen und Glück nicht kaufen kann, aber dennoch jagen wir als Kollektiv dem finanziellen Reichtum hinterher, weil er ein besonderes Leben und wenig Sorgen verspricht. Doch wer sichert uns das wirklich zu? Richtig: Unsere inneren Tyrannen tun das. Während wir unseren Geist mit verletzten Emotionen in Bezug auf Vergangenes und mit sorgenvollen Gedanken in Bezug auf Zukünftiges dauerbeschäftigen, kann keine Ruhe in unserem Kopf einkehren, wodurch wir es dem inneren

Tyrannen leicht machen, uns in der falschen Spur zu halten. Doch nur wenn der Geist friedlich ruhen kann, kommen wir unserem wahren Kern näher und begreifen, dass die Gegenwart der einzige Zeitpunkt ist, der zählt, ja, der tatsächlich existiert. Darum ist eine der essenziellen Zutaten für wahrhaftiges Glück die Achtsamkeit, denn durch sie sind wir präsent im Sein.

Achtsam bist du, während du etwas – wie die dir von deinem inneren Tyrannen in den Kopf gesetzten Gedanken – genau beobachtest, ohne es zu bewerten, ohne es ändern zu wollen.

Achtsam bist du, wenn du annimmst, was ist und damit im Reinen bist.

Möchtest du deinem inneren Tyrannen entfliehen und ein selbstbestimmtes Leben führen, wirst du nicht daran vorbeikommen, Achtsamkeit zu üben, bis du ein Meister darin geworden bist. Die gute Nachricht: Das ist nicht nur im Schneidersitz und in tiefer Meditation möglich (obwohl dieses Setting erwiesenermaßen am einfachsten dorthin führt). Du kannst in allen erdenklichen Situationen achtsam sein: wenn du ein Glas in der Hand hältst und das Wasser daraus trinkst; während du an einer Bushaltestelle oder im Auto an einer Ampel wartest oder in der U-Bahn sitzt; wenn du die Wäsche zusammenlegst, deine Zähne putzt oder dein Abendessen zu bereitest. Achtsam zu sein, bedeutet, dass du konzentriert in dich hineinspürst, wie sich ein Gegenstand anfühlt, oder – um beim Trinken und Essen zu bleiben – wie sich etwas in deinem Mund, in deiner Kehle anfühlt, ob es kalt oder warm ist, wie es schmeckt und welche Konsistenz du wahrnimmst. Im Übungsteil auf Seite 213 findest du noch eine konkrete Anleitung zu einer einführenden Aufmerksamkeitsübung, die wir dir vorhin schon ans Herz gelegt haben.

Da es die Königsdisziplin ist, im Alltag im Hier und Jetzt zu bleiben und in allen Situationen Ruhe zu bewahren, solltest du es dir zur Gewohnheit machen, während eines Tages immer wieder einmal achtsam zu sein. So viele Minuten oder Stunden, wie wir dafür aufbringen, unser Smartphone zur Hand zu nehmen, dürfte das kein Problem sein: Legst du stattdessen nur jedes fünfte Mal eine Aufmerksamkeitsübung ein, hast du schon gewonnen. Denn wer in der Ruhe ist, kann sich auf sein körperlich wahrnehmbares Gefühl verlassen und ist seinen Emotionen nicht ausgeliefert.

Neben der Achtsamkeit gibt es noch etwas, das dir dabei helfen wird, deinen Geist ruhig werden zu lassen: die Erkenntnis, dass innerer Wohlstand gleichbedeutend mit äußerem Wohlstand ist. Wir haben das schon mehrfach angesprochen und jetzt wollen wir uns eingehend damit beschäftigen: Jeder Mensch kann emotionalen Wohlstand erreichen – und der lässt sich in kürzester Zeit erschaffen, nachdem sich die eigene Einstellung sofort verbessern kann, sobald der innere Tyrann kein Gehör mehr erhält. Du hast das Potenzial – du musst es nur anzapfen! Das richtige Mindset dazu lautet: *»Ich bin's mir wert. Ich kann das. Ich nehme dankbar in Besitz, was ich bekomme!«* Du kannst im aktuellen Augenblick schon dankbar sein für das, was noch dazukommen darf und es so natürlich erlangen, anstatt es zu *ver*langen.

Erlaub dir zu erkennen, dass etwas deinen emotionalen Wohlstand nach unten drückt. Das ist häufig dein innerer Tyrann! Befrei dich davon, indem du dich aktiv gegen Gedanken wie *»Ich kann das nicht!«*, *»Ich bin nicht klug genug«*, *»Ich bin nicht schön genug«*, *»Ich bin nicht reich genug«* oder *»Ich bin nicht interessant genug«* wehrst. Du weißt inzwischen: Mit einer solchen limitierenden Identität kannst du nicht wachsen und dich entwickeln.

Selbst wenn dir innerer Wohlstand nicht genug sein sollte, weil du dir mehr Geld auf dem Konto ersehnst: Du musst zuerst innerlich zum Millionär werden, damit das Gleiche im Außen überhaupt möglich wird. Das Erste, was du aufgeben solltest, ist deshalb die Geschichte, die dir dein innerer Tyrann erzählt, warum du etwas nicht haben oder sein kannst. Wir haben das weiter vorne bereits behandelt. Du erinnerst dich sicher: Du unterrichtest die Welt anhand der Art, wie du mit dir umgehst darin, wie sie mit dir umgehen soll.

Solange du innerlich im Mangel bist, wirst du äußerlich keinen Wohlstand anziehen.

Jemand, der den Wohlstand eines Bettlers verinnerlicht hat und von sich denkt: *»Ich bin ein Bettler!«*, wird trotz Millionen auf dem Konto immer ein Bettler bleiben und denken: *»Ich habe gut gebettelt.«* Solange er innerlich kein Millionär ist und sich wie einer fühlt, wird ihm sein innerer Tyrann die ewig gleichen Glaubenssätze, Regeln und Ängste einflüstern, welche ihn letztlich zu Handlungen führen, die ihn erneut zum Bettler machen: Er wird seinen äußeren Wohlstand sehr wahrscheinlich wieder verlieren. Ein Mann, der von sich glaubt, er sei es nicht wert, geliebt zu werden, kann die liebevollste Frau an seiner Seite haben und wird dennoch davon überzeugt sein, sie nicht verdient zu haben – und letztlich wird er sein Glück verspielen.

Wichtig sind in diesem Zusammenhang drei Erkenntnisse, denen wir uns teilweise schon gewidmet haben bzw. denen wir uns noch eingehend widmen werden:

- Dankbarkeit ist der Schlüssel zu innerem Frieden.
- Ein Gedanke, der wehtut, ist ein Irrtum.
- Aller Schmerz entsteht aus deiner Bewertung.

Das Verhältnis zwischen innerem und äußerem Wohlstand haben die Menschen im asiatischen Raum weitgehend stärker verinnerlicht als wir hier im Westen – zumindest in der Vergangenheit, denn momentan ist ein sich langsam ankündigender Wechsel zu beobachten: Für jeden Menschen im Westen, der sich von rein materiellen Werten abwendet, scheinen sich im Osten zwei Menschen auf rein materielle Werte einzuschießen. Was wir auf unseren bisherigen Reisen in fernöstliche Länder aber beide noch wahrgenommen haben, ist ein bemerkenswerter Unterschied zu westlichen Lebenskonzepten: Dort steht das Ganzheitliche (*Inner Engineering* genannt) im Vordergrund. Das dürfte ein Erklärungsansatz dafür sein, warum der durchschnittliche Mensch in Asien eine Ruhe ausstrahlt, die der durchschnittliche westliche Mensch sich erst erarbeiten muss.

Mach dich frei: Verbanne deinen inneren Tyrannen!

Wie bringst du den inneren Tyrannen dauerhaft zum Schweigen, um dein heutiges und künftiges Leben nach deinen Wünschen führen zu können und positiven Einfluss auf andere Menschen zu nehmen? Welche weiteren Möglichkeiten hast du, dich frei zu machen und fortan so leben zu können, wie du es dir vorstellst? Mit dem Wort »vorstellst« sind wir schon mittendrin im nächsten Prozess:

Mach dir eine Vorstellung!

Aus der Hirnforschung ist bekannt: Vorstellung schlägt Willenskraft! Willst du etwas unbedingt haben oder erreichen, führt dich das nicht halb so sicher ans Ziel, wie die detaillierte Visualisierung dessen, was du dir wünschst. Darum brauchst du ein Bild von dem, was du erreichen willst.

Alles, was in dieser Welt in eine Form gekommen ist, hat sich zunächst jemand vorgestellt.

Ein wichtiger Tipp am Rande: Wenn du dein Maximum erreichen möchtest, die beste Version deiner selbst werden willst, dann hör auf, dich mit anderen zu vergleichen. Vergleich dich höchstens mit dir in anderen Lebensphasen (»Wo war ich vor einem Jahr, wo bin ich heute?«) – und danach blick auf die Ziellinie!

Andere gibt es schon genug. Darum sei die beste Version von dir selbst!

Sei dankbar!

Die Emotion der Dankbarkeit ist eine großartige: Sie löscht unmittelbar alle anderen Emotionen aus und bringt dich sowohl dem inneren als auch dem äußeren Wohlstand näher. Darum tausch ab sofort deine Erwartungshaltung gegen Dankbarkeit und vergleiche das, was du hast, nicht länger mit dem, was du gern hättest, denn solange du nicht glücklich bist mit dem, was du hast, befindest du dich im Mangel und wirst nicht erreichen, was du dir wünschst.

Schau auf die Fülle, die du im Hier und Jetzt bereits in deinem Leben hast!

Solang du dich von dem, was dir fehlt, ablenken lässt, wirst du dir schwer damit tun, Dankbarkeit zu fühlen. Überleg dir deshalb zunächst, wie hoch der Prozentsatz dessen in deinem Leben ist, was du für gut befinden würdest: Sind es eher neunzig Prozent oder noch nur zehn Prozent, unter denen du leidest?

Solltest du ein Dach über dem Kopf haben, dir genug Nahrung leisten und deine Rechnungen bezahlen können, wenn sich hin und wieder sogar ein Urlaub ausgeht und du Freunde hast, mit denen du dich gut verstehst, dann darfst du dich schon einmal glücklich schätzen. Ist es dein Singledasein, unter dem du leidest, oder fehlt dir zum Glück der richtige Job? Während du dich darauf konzentrierst, wirst du dir ein Mangelbewusstsein antrainieren, obwohl so vieles in deinem Leben gut läuft. So wird es schwierig, den passenden Partner oder den idealen Job anzuziehen. Dankbarkeit als neue Einstellung in deinen Kopf einzulassen, wird mit folgender Überlegung vermutlich gleich einfacher:

Stell dir vor, du würdest morgen nur mit dem aufwachen, wofür du heute dankbar warst!

Was wäre alles nicht mehr da? Überleg dir das mal in Ruhe! Was wir dir damit sagen wollen: Am Leben zu sein ist wertvoller als alles, was dir fehlen könnte. Brechen wir es runter, dann es ist so: Du kommst mit nichts und du gehst mit nichts und dazwischen hast du eine kurze Spanne des Lebens. Kannst du das nicht wertschätzen, ist deine Lebenszeit völlig umsonst. Darum ist es an der Zeit, zu begreifen: Das Leben an sich ist ein Geschenk – und Dankbarkeit ist eine Emotion, die es sich zu kultivieren lohnt.

Wir haben weiter vorne besprochen, dass es für dein

geistiges Ego nur zwei Motivatoren gibt: Angst und Liebe. Dein innerer Tyrann konzentriert sich dabei auf die Angst.

Liebe bedeutet, etwas anzunehmen – und Angst, etwas abzuwehren.

Nun ist es so, dass dein innerer Tyrann dir vorwiegend unangenehme Gedanken einpflanzt, die das Leben verneinen und dich nicht in die richtige Richtung lenken. Du weißt inzwischen auch, wie es sich um deinen Fokus verhält: Achtest du auf das, was du nicht willst, wirst du tendenziell mehr davon bekommen.

Überlegen wir uns an dieser Stelle, was die Aufgabe von Schmerz ist: Was wäre, wenn wir keine körperlichen Schmerzen spüren könnten? Wir würden uns Finger abschneiden, in Autos reinlaufen, auf heiße Herdplatten greifen, weil uns nichts davor warnen, davon abhalten würde. Gedanklicher Schmerz wiederum heißt: »*Denk das nicht!*« Wann immer du einen Gedanken hast, der dich schmerzt, dir Angst beschert, handelt es sich um einen Irrweg, auf dem du dich befindest, weil du mit solchen Gedanken nicht dort ankommen wirst, wo du hin möchtest.

Ein Gedanke, der wehtut, ist immer ein Irrtum.

Dass er wehtut, liegt an deiner Bewertung und nicht am Gedanken selbst. Alles, was du an Schmerz auflösen kannst, indem du durch ihn hindurchgehst, wird dazu führen, dass du beziehungsfähiger wirst – zunächst, was deine Selbstliebe, deine Beziehung zu dir selbst betrifft, und dann in Bezug auf alle anderen zwischenmenschlichen Beziehungen in deinem Leben. So wirst du nicht nur ein glücklicher(er) Mensch werden, sondern zudem ein aufmerksamerer Lebenspartner, ein bewussterer Elternteil, eine umsichtigere Firmenchefin oder ein loyalerer Kollege. Du wirst dadurch reflektierter werden, nachhaltiger mit Ressourcen, wertschätzender mit Dingen wie Menschen umgehen, erkennen, dass nicht alles gleich sein muss, sondern die Menschen unterschiedlich sein dürfen, dadurch toleranter werden und vieles mehr.

Wenn es dir gelingt, die Angst hinter den Handlungen deiner Mitmenschen zu erkennen und nicht mit ebensolcher Angst darauf zu reagieren, sondern mit Liebe – im Sinne des Gegenteils von Angst –, kannst du sie zum Mut ermutigen. Und dieser Pfad der Liebe kann dich vor enorm vielen Problemen im Alltag, im Berufsleben und letztlich auch in deinen Beziehungen bewahren. Denn solange du der Angst weder in dir noch in anderen eine Chance gibst, wird dein innerer Tyrann nicht aus dem Exil zurückkehren.

Wie du mit dir selbst und mit anderen umgehst, wirkt auf alles, was danach kommt.

Darum hilft es dir auf dem Weg der Emanzipation von deinem inneren Tyrannen, nicht auf das Verhalten einer Person zu schauen, sondern auf den Menschen dahinter, der vermutlich aus Angst heraus handelt, wenn er sich unangenehm benimmt und konfliktfördernd verhält.

Stellen wir uns vor, zwei halbwüchsige Burschen rauchen im Freien und entdecken dabei eine Heuschrecke. Der eine versucht, das Insekt mit seinem Zigarettenstummel zu töten, der andere geht eine Schaufel holen, um es zu erschlagen. Was ist bei diesen beiden das vorherrschende Gefühl:

Liebe oder Angst – Widerstand oder Annahme? Natürlich war das eine rhetorische Frage. Worauf wollen wir hinaus? Solltest du diese Szene beobachten und entsetzt von den Reaktionen der jungen Männer auf die wehr- und harmlose Heuschrecke sein, und mit dieser Wut im Bauch auf sie zugehen, um sie anzuschreien: *»Ihr Idioten, lasst das arme Tier in Ruhe!«*, dann haben die Burschen in ihrer Wahrnehmung auf einmal zwei Feinde. Solange du folglich in den Widerstand mit ihrem Verhalten gehst, kannst du kaum gewinnen. Sprichst du aber den Willen zum Mut in ihnen an, indem du etwa sagst: *»Falls ihr richtig mutig seid, nehmt ihr die Heuschrecke und tragt sie dort rüber ins Gras!«*, besteht zumindest die Möglichkeit, dass sie sich in den kommenden Minuten damit beschäftigen werden, wer sich als Erster traut, das Insekt zu retten, anstatt es zu töten. Selbstverständlich ist das eine Herausforderung, aber das Annehmen des Gegenübers führt viel eher zum Erfolg.

Damit wir hier nicht unbeabsichtigt ein Missverständnis säen, sei eines klar gesagt: In deinem Handeln und Reagieren zu berücksichtigen, dass jemand möglicherweise aus einem Angstzustand heraus ungut ist, bedeutet nicht, dir alles gefallen zu lassen und dich nicht zu wehren, wenn dir unrecht getan wird! Ziehen wir dazu ein extremes Beispiel heran: Es hätte wenig mit Selbstliebe zu tun, würdest du dich von jemandem verprügeln lassen, ohne dich zu verteidigen. Du brauchst es allerdings mit dem Wehren nicht zu übertreiben, sondern kannst, sobald du dich freigemacht oder in Sicherheit gebracht hast, konstruktiv auf den weiteren Verlauf der Situation einwirken. Das ist übrigens genauso für Paar- oder Geschäftsbeziehungen ein guter Tipp.

Stell dir vor, du lebst frei und selbstbestimmt – ohne deinen inneren Tyrannen!

Frei von deinem inneren Tyrannen und selbstbewusst wie selbstbestimmt zu sein, bedeutet, deinen persönlichen, individuellen, lebendigen Kern wieder zeigen zu dürfen – das ist es, was die in den vergangenen Jahren viel beachtete Authentizität ausmacht. Denn wir Menschen beginnen unseren Weg auf diesem Planeten als buntes, echtes, lebensfrohes Wesen. Wenn ein kleines Kind traurig ist, erlaubt es sich, traurig zu sein und das auszuleben. Wenn es glücklich ist, ist es glücklich und zeigt auch das unverblümt. Diese Emotionen können zudem von einem Moment auf den anderen wechseln. Im Laufe unseres Lebens ziehen wir eine immer grauer werdende Alltagsschale um uns zu, um den bunten, lebendigen Kern zu schützen. »*There is a crack in everything – that's how the light gets in*« (frei übersetzt bedeutet das: »Es gibt einen Sprung in allem, durch den das Licht hereinkommt«), singt Leonard Cohen in einem seiner Songs.

Wie du die Regie für dein Leben übernimmst

Was wird wohl einfacher zu verändern sein: die Welt, dein Partner, dein Vorgesetzter – oder du? Mit der Erkenntnis, dass du nur dich verändern kannst, passiert etwas von enormer Bedeutung: Du bekommst die Gelegenheit, Verantwortung für dich und dein Leben zu übernehmen. Der wunderbare Nebeneffekt: Mit dieser Eigenverantwortung benötigst du deinen inneren Tyrannen nicht länger.

Nimm dein Leben in die Hand!

Du wirst feststellen, wie gut deine Intuition ohne deinen inneren Tyrannen im Kopf funktioniert und wie du ihr mehr und mehr vertrauen kannst. Dennoch gibt es, auch nachdem du dich seiner entledigt hast, noch weitere Schrauben, an denen du drehen solltest, um die richtigen Menschen in dein Leben zu ziehen. Dabei ist es egal, ob du dir den passenden Partner wünschst oder gute Freunde, ob du jemanden suchst, mit dem du dein geplantes Unternehmen gründen kannst oder ob es darum geht, die richtigen Kunden anzuziehen: Um diesen Menschen zu begegnen, musst du wissen, was du willst und was du nicht willst. Nur dann kann dein Unbewusstes damit beginnen, die Umgebung abzuscannen und deinen Fokus darin schulen, auf die passenden Personen scharf zu stellen. Im Kapitel mit den unterstützenden Übungen findest du auf den Seiten 210 und 217 eine Methode, die dir genau dabei helfen wird. Und im nächsten Abschnitt bekommst du einen detaillierten Einblick in das Phänomen dauerhaft glücklicher Liebesbeziehungen, weil es doch diese Art der Beziehung ist, nach der wir Menschen uns am meisten sehnen.

Das Geheimnis der großen Liebe

Hast du deinen inneren Tyrannen durch das Erkennen, Annehmen und Verändern deiner Muster zum Schweigen gebracht, dich dadurch entwickelt, deine Elternthemen aufgearbeitet und bist durch Selbstliebe beziehungsfähig geworden, so steht deinem Liebesglück theoretisch nichts mehr im Weg. Vielleicht bist du aber trotzdem noch Single oder in einer Beziehung, aus der irgendwie die Luft draußen ist und die dich nicht wirklich erfüllt.

Worum gehts folglich? Für eine dauerhaft glückliche Paarbeziehung ist Leidenschaft wichtiger als Liebe. Sie ist es, an der viele scheitern, wenn sie fehlt, weil leidenschaftlicher Sex wie der Gegenspieler des Todes fungiert. Er ist das Tor zum Leben – ohne ihn kann sich kein neues Leben seinen Weg bahnen. Darum sind die wenigsten Menschen in einer Beziehung ohne Sex und Leidenschaft auf Dauer glücklich – und deshalb ist in solchen Fällen oft überhaupt erst Platz für Untreue: weil die Leidenschaft anderswo gesucht wird.

Kommen allerdings Liebe und Leidenschaft ideal zusammen, handelt es sich ums Verliebtsein. Dieses Gefühl bildet die Grundlage für eine langfristige Beziehung, da es vielen im Ernstfall dann doch wichtiger ist, verliebt als im Recht zu sein, weshalb sie um Ausgleich bemüht sind und an ihrer Streitkultur arbeiten. Die Verliebtheit ist darum ein nicht zu unterschätzendes Element für wahres Beziehungsglück. Und jetzt kommt unser wichtigster Tipp, der so unpopulär ist, dass du ihn vermutlich erst sacken lassen wirst müssen: Lass dir weder von deinem inneren Tyrannen noch von irgendwelchen Leuten, die es »gut mit dir meinen«, einreden, es sei nicht möglich, über viele Jahre verliebt zu sein! Halte dich nicht an die meisten, was das betrifft!

Wenn du das glaubst, was die meisten glauben, wirst du haben, was die meisten haben – und was die meisten haben, ist den meisten zu wenig.

Nimm dir die wenigen Paare als Vorbild, die es anders machen und die der Beweis dafür sind, dass sich das Verliebtheitsgefühl sehr wohl über Jahre und Jahrzehnte halten kann. Ja, unter Umständen hat man nach zwanzig Ehejahren eine geringere Frequenz, was die sexuelle Begegnung betrifft, aber das heißt noch lange nicht, dass es in Ordnung ist, wenn Sexualität gar keine Rolle mehr spielt – das ist im Normalfall der Todesstoß für jede glücksbringende Paarbeziehung.

Ein Quäntchen Glück kann nicht schaden, damit das gelingt, aber sogar in diesem Bereich hast du die Dinge stärker in der Hand, als du bislang vielleicht dachtest. Du sorgst für die Voraussetzung des Glücks, indem du deinen inneren Tyrannen zum Schweigen bringst, mit deiner Kindheitsgeschichte ins Reine kommst, dich in Selbstliebe übst und erkennst, dass das Verliebtheitsgefühl in dir entsteht, weil du es überhaupt zulässt. Was bedeutet es runtergebrochen, verliebt zu sein? Es bedeutet: Die Art und Weise, wie du Frau/Mann bist, kommt gut beim anderen an. Worum geht es folglich?

Du fühlst dich im Spiegel des anderen mit dir selbst wohl.

Wir sind gern mit anderen zusammen, in deren Gegenwart wir uns selbst mögen. Am Beginn einer Beziehung, wenn sich zwei Menschen kennenlernen und ineinander verlieben, befinden sie sich in einer großartigen Aufwärtsspirale: Weil der eine den anderen beim Wiedersehen anstrahlt, fühlt sich der auch toll und strahlt zurück – ein idealer Zustand für beide. In dieser Phase zeigen die Verliebten einander, wie schön es sich anfühlt, den anderen gefunden zu haben: Es wird viel gelächelt und gelacht, es sind praktisch Herzchen in den Augen des anderen sichtbar, beide bemühen sich, attraktiv für den anderen zu sein und gepflegt zu duften. Kein Aufwand ist zu groß, um dem anderen etwas Gutes zu tun, ihn zu überraschen oder ihm zu offenbaren, wie glücksbringend seine Anwesenheit ist – immerhin geht es darum, das gegenseitige Begehren zu fördern und aufrechtzuerhalten.

Nach ein paar Jahren (bei manchen schon nach einigen Monaten) setzt meistens die gegenteilige Abwärtsspirale ein: Sie kommt nach Hause, er strahlt sie nicht mehr so an, und damit setzt das Gefühl »*Oh, die Art und Weise, wie ich Frau bin, kommt nicht mehr so gut bei ihm an*« ein – und schon gehts bergab. Diese Spirale kann den Tod für die Leidenschaft und das Verliebtsein bedeuten, weil sich die beiden im Spiegel des jeweils anderen nicht mehr mit sich selbst wohlfühlen und damit die Essenz jeder Liebesbeziehung verloren geht. Denn:

Das, was für den Anfang einer Beziehung gilt, gilt für den kompletten Kurs der Beziehung.

Es ist nach fünf, zehn oder fünfzehn Jahren genauso wichtig, dem Partner ein gutes Gefühl zu geben, ihn wertzuschätzen und ihm zu zeigen, dass er ein wahres Geschenk für das eigene Leben ist! Wie kommen wir darauf, dass wir all das weglassen können, was am Beginn so wunderbar funktioniert hat – wir sind nicht mehr so gut gelaunt, wir verhalten uns dem anderen gegenüber nicht mehr so aufmerksam, wir nehmen uns nicht mehr so viel Zeit für ihn, wir machen uns nicht mehr schön für ihn, präsentieren uns auf ganzer Linie nicht mehr von unserer besten Seite –, und dass die Verliebtheit trotzdem bleiben wird? Die Formel ist an und für sich einfach: Verhältst du dich nach der Anfangsphase einer Beziehung weiterhin wie zu Beginn, dann ist ein Ende unwahrscheinlich. Behandle deinen Partner folglich, als wäre er ein absoluter VIP in deinem Leben! Wenn du ihm in einer positiven Art und Weise begegnest, zeigst, dass er es dir wert ist, einen Aufwand für ihn zu betreiben, legst du damit ein starkes Fundament für eine langfristig glückliche Liebesbeziehung. Um dich selbst zu überprüfen, kannst du dir immer wieder mal folgende Frage stellen:

So, wie ich mich verhalte und bin: Würde ich mich in mich verlieben?

Lautet die Antwort »Nein!«, so hast du Entwicklungsbedarf.

Falls du dir jetzt denkst: *»Aber wenn es reicht, nett zum anderen zu sein, damit beide sich verlieben und verliebt bleiben, müsste ich mich doch jeden Tag verlieben können!«*, hast du natürlich recht. Das allein macht es nicht aus – es braucht noch weitere Zutaten fürs Liebesglück: Wir verlieben uns nur in jemanden, sofern diese Person begehrenswert für uns ist und es damit einen Wert hat, von ihr gesehen und geliebt zu werden. Jeder Partner ist außerdem ein Lehrmeister für uns, ein Spiegel dessen, was wir aussenden. Deshalb könnte man sagen: Du bekommst nicht den Partner, den du willst, sondern den, der du selbst bist und der notwendig ist, um dich zu erkennen und weiterzuentwickeln. Und damit schließt sich der Kreis zu einem Thema, das du inzwischen kennst: Viele Menschen wählen ihren Partner unbewusst oder bewusst nämlich mehr aus ihren Ängsten heraus – dafür sorgt der innere Tyrann dann schon – als aus Liebe: *»Ich will jemanden, um mich nicht alleine zu fühlen«* führt vielleicht dazu, dass du dich recht schnell verliebst, damit du eben nicht ohne Partner bist. Oder wenn dein Vater sich deiner Mutter gegenüber zu dominant verhalten hat, liegt der Fokus deines Egos auf Menschen, bei denen du nicht Gefahr läufst, dominiert zu werden. Leider dreht sich das oft ins andere Extrem, indem du jemanden wählst, über den du bestimmen und den du kontrollieren kannst, und damit versäumst du die Chance, dich auf jemanden einzulassen, der dir auf Augenhöhe begegnet, weil du einen solchen Partner aus Angst, verletzt zu werden, meidest.

Drei Tipps, um erfolgreich beim anderen zu landen:

1. *Tu so, als wüsstest du, dass dein Gegenüber auf dich steht!* Mit dieser Einstellung ist dein innerer Tyrann sofort ruhiggestellt und es wird dir etwas Besseres einfallen als das klassische *»Darf ich dich auf ein Getränk einladen?«*, das übersetzt *»Darf ich für Zeit mit dir bezahlen?«* bedeutet und deshalb alles andere als attraktiv auf den anderen wirkt, weil du dich damit sofort auf eine Stufe unter ihn stellst. Wenn du selbstbewusst mit dem anderen umgehst, wird es möglich, die Distanz schneller zu überbrücken und selbstsicher zu agieren, was dich sofort interessanter und attraktiver macht. Mit dieser Haltung ist es nicht notwendig, zu zögern, zu warten, um Erlaubnis zu fragen. Was für den Anfang gilt, verliert auch später keine Gültigkeit – das haben wir schon besprochen –, also verinnerliche eines dauerhaft, um dir fortan nicht mehr von deinem inneren Tyrannen dazwischenfunken zu lassen:

Sei mit deinem Gegenüber immer auf Augenhöhe!

2. *Behandle dein Gegenüber niemals besser als einen Freund!* Was steckt hinter diesem seltsam klingenden Grundsatz? Bei einem guten Freund verbiegst du dich nicht, um ihm zu gefallen, weil du keine Angst hast, ihn zu verlieren. Du bleibst deinen Werten treu, du wirst nicht unsicher, wenn ihr anderer Meinung seid, du zeigst ihm offen deine Grenzen auf, du redest ihm nicht nach dem Mund. Und genau dieses Verhalten macht dich attraktiv für einen potenziellen Partner. Wirst du hinge-

gen unterwürfig, erniedrigst dich und verhältst dich unsicher, wirkt das meistens uninteressant auf die Person, mit der du gern eine Beziehung eingehen würdest. Es gilt aber gleichermaßen: Je mehr du daran arbeitest, Eindruck zu machen, desto weniger beeindruckend wirkst du. Einen echten Freund wirst du wohl kaum zu beeindrucken versuchen, sondern du wirst dich ihm offenbaren, wie du bist, weil Freunde Menschen sind, die dich mögen, obwohl sie dich kennen.

3. *Lass auch dein Gegenüber etwas in diese Beziehung investieren!* Wenn nur du dich um den anderen bemühst, ist das wenig spannend für den anderen – und das mit der Augenhöhe wird sich nicht ausgehen. Darum verkauf dich nicht unter deinem Wert, indem du alles gibst, ohne dem anderen die Möglichkeit und den Raum zu gewähren, ebenfalls etwas zu investieren. Bist du zu leicht zu haben, sinkst du in deinem Wert für den anderen.

Was beim Kennenlernen als spannendes Element erlebt wird, macht später in einer Beziehung manchmal grobe Probleme: die Andersartigkeit der beiden Menschen, die hier aufeinandergetroffen sind. Unterschiede in der Partnerschaft sollten aber nicht als Widrigkeiten eingestuft, sondern als Chance erkannt werden – sonst wirst du auf Dauer im Widerstand zu den Verhaltensweisen und Charaktereigenschaften des anderen stehen, wodurch die Kommunikation nicht funktionieren wird. Immerhin sind die Unterschiede zwischen Mann und Frau das Fundament für Leidenschaft und Verliebtheit, indem sich das Männliche und das Weibliche wie die verschiedenen Pole zweier Magnete anziehen. Wenn Mann und Frau einander zu ähnlich werden, leidet die Anziehung darunter und die Paarbeziehung läuft Gefahr zu scheitern. Wir alle haben sowohl männliche als auch weibliche Energie in uns, aber je nachdem, ob du Mann oder Frau bist, ist einer der beiden Pole weitaus stärker ausgeprägt als der andere.

- *Männliche Energie:* vorwärtsgehen, erreichen, stürmen, durchbrechen: Wenn ein Mann zu zurückhaltend ist und sich nicht traut, auf sein Ziel zuzugehen, dann fehlt es ihm an männlicher Energie.
- *Weibliche Energie:* sich fallen lassen, annehmen, empfangen, fühlen: Wenn eine Frau nicht empathisch ist und es nicht schafft, sich fallen zu lassen, dann fehlt es ihr an weiblicher Energie.

Während Männer große Dinge kleiner machen, um ein Ziel erreichen zu können, machen Frauen kleine Dinge größer, um sie besser beleuchten und darüber kommunizieren zu können. Versinnbildlicht wird das bei der gemeinsamen Sexualität: Ein harter Penis »geht vorwärts« und dringt ein in eine möglichst weiche, geöffnete Vagina. Beim männlichen Orgasmus verdichtet sich etwas und beim weiblichen Orgasmus öffnet sich etwas, bevor es zu einer Entladung kommt. Die sexuellen Höhepunkte von Mann und Frau sind folglich komplett unterschiedlich aufgebaut. Vor diesem Hintergrund wird klar, warum Männer Sex haben, um sich zu entspannen, und Frauen möglichst entspannt sein müssen, um guten Sex haben zu können. Je besser ein Mann daher darin ist, seiner Partnerin dabei zu helfen, sich zu entspannen – indem er sie zum Lachen bringt, Dinge für sie übernimmt und der ruhige Fels in der Brandung ist –, desto weicher kann sie in ihren Emotionen und in ihrem Verhalten werden, desto mehr kann sie Frau sein. Im Umkehrschluss gilt: Lässt sich eine Frau nichts von ihrem Mann abnehmen, weil sie die starke, unabhängige Frau markieren will, verwehrt sie ihm damit die Gelegenheit, etwas für sie zu tun und ganz Mann sein zu dürfen.

Um eine dauerhaft glückliche Paarbeziehung leben zu können, ist es folglich notwendig, diese (und zudem persönliche andere) Unterschiede anzunehmen, zu akzeptieren und bestmöglich wertzuschätzen, anstatt gegen sie anzukämpfen oder sie dem anderen gar vorzuwerfen. In homosexuellen Partnerschaften gelten übrigens die gleichen Gesetze: Auch hier gibt es immer einen Part, der das Männliche, und einen, der das Weibliche übernimmt. In unserer modernen Gesellschaft gibt es allerdings einen Drang zur Gleichheit – es soll alles möglichst gleichgemacht werden. Darum wird propagiert: Alle Menschen sind gleich, Männer und Frauen sind gleich. Die Wahrheit ist: Das stimmt so nicht! Weder sind alle Menschen gleich noch sind Männer und Frauen gleich, sondern unterschiedlich – sie sind allerdings gleichwertig, und damit dürfte das häufig verwechselt werden, was ein echtes Problem darstellt, weil es falsche Bilder und Erwartungen schürt.

Um etwas entscheiden zu können, muss es zunächst unterschieden werden können.

Für die Gesellschaft bedeutet das: Wir negieren, dass es einen (wertfreien) Unterschied macht, wo und wie jemand aufgewachsen ist – in welcher Kultur, mit welcher Mentalität, durch welche Religion und Werte beeinflusst, unter welchen Bedingungen die eigene Sicherheit und die eigenen Perspektiven betreffend. Wenn zwei Menschen, die aufgrund dieses unterschiedlichen Backgrounds völlig andere Strategien entwickeln mussten, um zu überleben, um in ihrem Umfeld nicht unterzugehen, sondern sich zu behaupten, in einen Konflikt geraten, wird die Kommunikation umso schwieriger ausfallen, je stärker diese Andersartigkeit ausgeblendet wird. *»Der Löwe wird mich schon nicht fressen, weil ich ihn genauso wenig fressen werde«* ist zwar eine idyllische Kinderbuchidee, aber fern von jeglicher Realität. Und zwischen Mann und Frau verhält sich das ähnlich: »Meine Frau wird so reagieren wie ich« ist ein großer Irrtum. Die meisten Menschen bemühen sich darum, Komplexität zu reduzieren, aber dieser Zugang ist selten zielführend. Die richtige Einstellung wäre – gleichermaßen für die Gesellschaft wie für die Paarbeziehung: *»Wir wollen lernen, was die Unterschiede zwischen uns sind, und versuchen, das unter einen Hut zu bekommen, sodass es allen im System gut geht und es gewinnbringend für das größere Ganze ist!«* Aus diesem Grund sind Unternehmen, die von Männern und Frauen gemeinsam geführt werden, auch die erfolgversprechendsten, weil beide Energien Platz haben und so bestmöglich auf das große Ganze eingewirkt werden kann.

Damit das nicht missverständlich wirkt: In jedem Mann und in jeder Frau sind beide Energien vorhanden und mit hoher Wahrscheinlichkeit wird das Verhältnis zwischen ihnen unausgewogen sein, weil eine schwächer ist als die andere. Je nachdem, wie wir uns kulturell, durch Erziehung, übernommene Verhaltensmuster und Werbebotschaften entwickelt haben, hat die eine oder die andere Nachholbedarf. Es kann für einen Mann deshalb durchaus wichtig sein, seine weibliche Energie zu stärken und damit ins Reine zu kommen, indem er sich etwa erlaubt, über seine Empfindungen zu reden – oder aber seine männliche Energie zu fördern, indem er lernt, vorwärtszugehen und trotz aller Emotionen Entscheidungen zu treffen. Es kann für eine Frau wichtig sein, ihre weibliche Seite zu stärken, indem sie sich mit ihrer Verletzlichkeit aussöhnt und lernt, diese anzunehmen. Oder aber sie darf beginnen, ihre männliche Energie zuzulassen, damit sie konkrete Pläne umzusetzen und auch mal energisch »Nein!« sagen kann. Die Mitte jenseits deiner Geschlechterrolle zu finden – darum gehts.

Am stärksten werden die klassischen Mann-Frau-Unterschiede in der Kommunikation sichtbar: Erzählt ein Mann einem anderen Mann von Schwierigkeiten, ist es selbstverständlich, dass dieser versucht, sie zu lösen. Männer wohlen keine Gefühle besprechen, die das Problem in ihnen ausgelöst hat, sie wollen thematisch nicht lang darin verweilen – sie wollen es einfach schnell gelöst haben, denn für einen Mann ist nur ein gelöstes Problem ein »gutes«. Das erklärt, warum ein Mann frustriert bis verzweifelt wird und sich nicht »gut genug« fühlt, wenn er seiner Frau nicht deren Sorgen nehmen kann und sich in Folge lieber anderen Bereichen zuwendet, in denen er diesbezüglich mehr Erfolgserlebnisse hat – wie seiner Arbeit, etwas Handwerklichem oder auch anderen Frauen, bei denen er (zunächst) keine Belastung wittert. Es erklärt außerdem, warum Männer nur ungern um Hilfe bitten und sich bekanntlich in einer fremden Stadt lieber verfahren, als nach dem Weg zu fragen.

Frauen hingegen wollen und können mit anderen Frauen stundenlang über ihre Probleme reden – und selbst wenn am Ende des Gesprächs keines davon gelöst ist, so stehen sie ungeachtet dessen entspannt auf und machen einfach weiter. Es geht ihnen um etwas anderes als den Männern: Die Lösung des Problems zu finden ist oft zweitrangig, es geht um den Austausch, darum, die Emotionen zu besprechen, die eine Situation in ihnen hervorruft, sich verstanden und angenommen und dadurch leichter zu fühlen. Das ist für einen Mann völlig unverständlich und absolut nicht nachvollziehbar – und das birgt natürlich enormes Konfliktpotenzial, denn:

Kommunikation ist nicht, was du sagst, sondern was beim anderen ankommt.

Folgendes Bild soll diesen Unterschied noch verdeutlichen: Für das männliche Ego ist jedes Thema in einer eigenen Schublade verstaut. Die Arbeit, die Partnerin, die Kinder, das Hobby – jeder Lebensbereich bekommt eine eigene, und diese Schubladen stehen fein säuberlich geordnet nebeneinander. Redet ein Mann über ein bestimmtes Themengebiet, dann nimmt er gedanklich die betreffende Schublade heraus, kramt darin, löst das darin verborgene Problem und schiebt die Lade schließlich wieder zurück an ihren Platz, ohne irgendeine der anderen Schubladen zu berühren. Ganz anders bei Frauen: Sie haben zwar ebenfalls diese Schubladen, allerdings ist jede mit der anderen verbunden, alle sind miteinander vernetzt und jedes Thema hat mit jedem anderen zu tun. In ihrem Kopf gestaltet sich daher alles wesentlich komplexer und aufwendiger und sie beleuchten meist mehrere Themenkreise gleichzeitig, während sie sich über den Inhalt einer Schublade unterhalten.

Wo du jetzt weißt, dass jeder auch noch seinen inneren Tyrannen mit von der Partie hat, kannst du sicherlich besser nachvollziehen, warum sich die Kommunikation in einer Partnerschaft oftmals so schwierig gestaltet. Unser wichtigster Rat an dieser Stelle: Als Mann solltest du nicht versuchen, das Problem deiner Partnerin zu lösen, sofern sie dich nicht explizit darum bittet, sondern dir nur davon erzählen möchte. Das entbindet dich nicht von der Aufgabe, ein Gentleman zu sein, ihr in den Mantel zu helfen und im Alltag unterstützend unter die Hände zu greifen. Darum geht es hier nicht – das sind sehr wohl wichtige Elemente des gemeinsamen Lebens. Präsentiert dir deine Partnerin allerdings ein Problem, ohne dich konkret nach Lösungsvorschlägen dafür zu fragen, wünscht sie sich nur eine Sache: dass du dich für sie öffnest, da bist, zuhörst und bestmöglich Verständnis zeigst und sie dazu aufforderst, mehr zu erzählen. Das ist es, was sie braucht, das ist es, was ihr hilft. Als Überschrift kannst du dir merken: *»Sei präsent und aufmerksam!«* Denn was Frauen am häufigsten beklagen, ist, dass ihr Partner, wenn sie ihm von ihren Sorgen, Gedanken und Überlegungen erzählen möchten, nicht wirklich zuhört, aufsteht und weggeht, sich nebenbei mit etwas anderem wie seinem Smartphone beschäftigt, sich rechtfertigt, ihr erklärt, warum das überhaupt kein Problem ist, was daran sie falsch einordnet oder gar, dass sie immer alles problematisieren muss. Durch dieses Verhalten fühlt sie sich nicht gesehen, nicht angenommen, nicht gehört und nicht verstanden, ja unter Umständen sogar angegriffen und ungerecht behandelt, kurzum auf ganzer Linie schlecht. Ihre Emotionen sind nämlich wie die Lava in einem Vulkan, in dem es so richtig brodelt. Es ist darum komplett kontraproduktiv, den Vulkan zuzuschütten, vor ihm wegzulaufen oder ihn nicht anzuerkennen als das, was er ist. Was eine Frau benötigt, um sich geliebt zu fühlen, ist ein Mann an ihrer Seite, der das versteht und fähig ist, präsent zu sein und den Vulkan zu öffnen, damit die Energie sich entladen und rauskommen kann – ganz nach dem Motto: *»Ich finde diese vulkanische Energie super, versteh zwar nicht alles, was in dir passiert, und denk mir, du könntest die Energie umleiten und besser nutzen, aber ich halt das aus, gib es mir, ich bin da für dich!«* Sofern sie das bekommt, kann sie danach innerlich oder tatsächlich durchatmen, sich entspannen und zur Tagesordnung übergehen – wovon ihr Mann naturgemäß profitiert. Die Königsdisziplin ist es für einen Mann, nicht wütend zu werden, sollte seine Partnerin nicht von einem Problem im Außen erzählen, das mit ihm nichts zu tun hat, sondern ihm Vorwürfe machen, weil etwas an seinem Verhalten ihr Kummer bereitet oder sie verärgert hat. Rechtfertigt er sich in einer solchen Situation, will ihr mit Daten, Fakten und Zahlen (und damit männlichen Parametern) erklären, dass sie im Unrecht ist, um die Emotionen schnell hinter sich zu lassen und die Lösung anzuvisieren, wird das alles bloß schlimmer machen. Ihr Ziel ist es, sich besser zu fühlen, und sie fühlt sich dann besser, wenn sie gesehen wird. Auch hier gilt es für den Mann, ruhig zu bleiben, um ihr Fels in der Brandung zu sein. Klagt eine Frau: *»Ich fühle mich, als ob du das und das tust oder eben nicht tust«,* so ist es für den Mann wichtig, das richtig einzuordnen:

Über Emotionen kann man nicht streiten.

Sie sind, wie sie sind – und spiegeln sich so gut wie immer im Ego des anderen. Falls du dir als Mann jetzt denkst: »*Na wie komm ich dazu, dass ich ihre Empfindungen aushalte?!*«, vergiss nicht: Von dort, wo Wut, Ärger und Tränen in deiner Partnerin wohnen, kommen Leidenschaft, Kreativität und Euphorie her.

Solange Männer das ozeanische Herz einer Frau in einen Swimmingpool verwandeln wollen, wird es schwierig mit der glücklichen Beziehung.

Bisher hat dich dein innerer Tyrann mit seiner Sicht der Dinge mehr schlecht als recht kommunizieren lassen, kann das sein? Es gibt vor allem drei erwähnenswerte Kommunikationsmuster, die einer Partnerschaft auf Dauer schwer schaden können:

- das Unterstellen von negativen Intentionen
- den anderen in seinen Angeboten blockieren
- den anderen Beziehungstests aussetzen

Eines der verheerendsten Kommunikationsmuster ist das erstgenannte, in dem einer beim anderen eine böse Absicht vermutet. Wenn du deinem Partner negative Intentionen unterstellst, wird euch das eher entzweien als einander näher bringen.

Wir Menschen tun im Normalfall das Beste, was uns im jeweiligen Moment einfällt.

Es ist unwahrscheinlich, dass dein Partner eines Morgens aufgestanden ist und beschlossen hat, dir ab sofort das Leben zur Hölle zu machen. Bewusst und absichtlich jemandem wehzutun, den man liebt, bildet eher die Ausnahme.

In Paarbeziehungen wird meistens so gestritten, als ob jeder von beiden davon überzeugt wäre, der andere würde ihm etwas Schlechtes wollen. Und wieder ist hier die weitverbreitete Eifersucht ein treffsicheres Beispiel: Dem anderen wird die negative Absicht der Untreue unterstellt – das beschert ihm selbstverständlich kein gutes Gefühl. Aus der eigenen Angst und Unsicherheit heraus wertet der Eifersüchtige nicht nur sich selbst ab, sondern gleichzeitig seinen Partner, indem er ihm vermittelt, er würde ihm nicht vertrauen, weil man sich nicht auf ihn verlassen könne. Falls du dir jetzt denkst: *»Ja, aber ich bin schon mal betrogen worden und darum bin ich misstrauisch!«*, können wir dir nur entgegnen: *»Willst du dir wirklich von diesem einen Menschen, der dich hintergangen hat, deine aktuelle oder künftige Beziehung ruinieren lassen?«*

Ganz klar: Die beste Intention in einer Liebesbeziehung wäre es, den anderen glücklich machen zu wollen. Der Weg dorthin benötigt eine neue Perspektive, also unterstell deinem Partner ab sofort nur mehr positive Absichten! Dadurch gerät ein Paar in die gegenseitige Annahme und ins gegenseitige Zustimmen, was es möglich macht, die Liebe fließen zu lassen.

Menschen wachsen daran, wenn ihnen etwas Positives unterstellt wird.

Durch einen positiven Vorschuss bringst du jemanden dazu, sein Bestes geben zu wollen. Menschen wachsen sogar über sich hinaus, wenn wir sie so sehen, wie sie gern wären. Dann wollen sie dir etwas Gutes tun – weil wir Menschen alle eines gemeinsam haben: Wir wollen geliebt und angenommen werden. Das Großartigste, was du tun kannst, ist deshalb, darauf zu reagieren, was du vom anderen gern hättest: Rufst du etwa bei einem Kundenservice an, um dich über etwas zu beschweren, wirst du wesentlich mehr erreichen, wenn du der Person am anderen Ende der Leitung ein freundliches *»Sie klingen, als wären Sie genau die/der Richtige, um mir bei meinem Problem zu helfen!«* entgegenbringst, als wenn du mit einem *»Nichts als Troubles gibt es mit Ihrem Unternehmen, das darf doch bitte nicht wahr sein!?«* ins Telefonat einsteigst. Dasselbe Prinzip gilt für private Verbindungen. Gerade in Partnerschaften ist es eine überaus erfolgversprechende Möglichkeit, die Beziehung zu verbessern, indem man einander nur mehr positive Intentionen unterstellt. Lass dir deshalb nichts anderes von deinem inneren Tyrannen einreden – er ist der schlimmste Saboteur deiner Paarbeziehung und gehört endlich in seine Schranken verwiesen. Wenn du auf ihn hörst und deinem Partner beispielsweise in einem Streit sagst, du wusstest ohnehin schon von Beginn an, dass er ein Egoist sein und wenig Rücksicht auf deine Bedürfnisse nehmen würde, dann hat er keinen einzigen Grund mehr, dir etwas Gutes zu tun, weil er sein Gesicht längst vor dir verloren hat. Damit hat er bereits alles abgegeben, was er für dich sein könnte. Er wird das Gefühl haben, von dir in eine Schublade gesteckt worden zu sein, aus der er nur mehr schwer herauskommen kann. Warum? Weil auch sein Fokus dadurch vorwiegend auf den negativen deiner Verhaltensweisen liegen wird, um der selbsterfüllenden Prophezeiungen entsprechend immer wieder etwas zu entdecken, das ihn darin bestätigt, dass du eben ein unsensibler Egoist bist. Wenn du ihm hingegen mitteilst, du wärst von seinen guten Seiten überzeugt, gibst du ihm die Gelegenheit, dir zu beweisen, dass er genau die hat. Bevor du deinem Partner folglich in der nächsten Konfliktsituation etwas an den Kopf wirfst, denk an die Unterbrechung dieses destruktiven Musters, halt kurz inne, unterstell ihm eine positive Absicht und sprich erst nach diesem Break weiter! Das wird nicht von heute auf morgen gelingen, aber je häufiger du dich in Achtsamkeit übst, desto schneller wirst du eine körperliche Anspannung in dir wahrnehmen, auf die du dann in der Sekunde mit einem bewussten Durchatmen reagieren kannst, was dich ruhiger werden lassen wird. Zudem kannst du dir angewöhnen, als Antwort auf anstachelnde Aussagen deines inneren Tyrannen wie *»Er ist ein Egoist! Lass dir das nicht gefallen!«* mit *»Das, was du mir da erzählst, ist die Geschichte durch meine Brille gesehen, und die muss so nicht der Wahrheit entsprechen!«* reagieren und dich damit aus deiner Angriffslust holen. Wenn ihr schon mitten im Streit seid, wird das alles nicht mehr helfen. In diesen Momenten ist es am besten, die Situation vorübergehend zu verlassen, bis du wieder runtergekommen bist und dich beruhigt hast.

Ist es irgendwann einmal aus deiner Sicht absolut notwendig, deinen Partner zu kritisieren, weil du ernsthaft verärgert bist (auch noch nach dem Durchatmen und dem Kontern in Richtung deines inneren Tyrannen, dem Verlassen der Situation und Tage später), vergiss nicht, von seiner guten Intention auszugehen – und achte auf den Ton, mit dem du deine Kritik vorbringst: *»Schatz, ich weiß, du gibst dein Bestes. Wenn ich mir etwas wünschen darf, dann wäre es Folgendes …«* Die Betonung liegt dabei auf *wünschen* – im Gegensatz zu *fordern*. Denn damit die Liebe in der Paarbeziehung fließen kann, ist es wichtig, dass unsere Kommunikation aufbauend gestaltet wird. Das geht auf die Systemtheorie des deutschen Soziologen Niklas Luhmann zurück: Hättest du einen Sack mit Bauklötzen und würdest du ihn auf einem Tisch ausschütten, wäre die Chance, dass die einzelnen Bauklötze nebeneinanderzuliegen kommen, weit größer, als dass sie aufeinander stehen würden. Anders gesagt:

Der Nein-Anschluss ist immer leichter als der Ja-Anschluss.

Trotzdem ist es wichtig, ein Gesprächsangebot anzunehmen und nicht in den Widerstand zu gehen und es zu blockieren, indem du mit einem »Nein!« antwortest. Blocken zwei Menschen einander in der gemeinsamen Kommunikation ständig, besteht die Gefahr, dass sie sich über kurz oder lang trennen werden. Warum? Weil durch diese Blockaden immer mehr Widerstand zwischen den beiden entsteht und sie sich als Folge irgendwann nicht mehr richtig spüren werden, wodurch die Liebe mit der Zeit erlischt.

Ziehen wir ein banales Beispiel aus dem Alltag heran: Wenn dein Partner dir eröffnet, er hätte Lust auf chinesisches Essen, wäre die Antwort *»Chinesisches Essen ist so fett!«* eine Blockade. An dieser Stelle wäre das Gespräch schon vorbei und dein Gegenüber würde sich mit seinem Angebot abgelehnt und in seinen Bedürfnissen nicht anerkannt fühlen, weil du durch dieses verkleidete »Nein!« im Widerstand mit dem bist, was er möchte. Darum kann die Energie infolge nicht fließen. Aber auch ein *»Ich glaub, deine Mutter möchte nicht, dass ich mit zu diesem Familienevent komme!«* sollte keinesfalls mit *»Wieso behauptest du das? Das stimmt doch gar nicht!«* beantwortet werden, da es sich hierbei um eine klassische Blockade handeln würde. Damit wärst du nicht offen für das, was dein Partner dir mitteilen wollte: Du lehnst ihn ab, du schiebst ihn mit seinen Emotionen weg, und aus dem heraus entsteht eine Distanz zwischen euch. Du meinst es vielleicht sogar gut mit deiner Reaktion, willst eigentlich sagen, dass dein Partner bei der Familienfeier bestimmt willkommen ist, aber ankommen wird etwas anderes und dadurch kann dieser Diskurs nicht fließen – die Kommunikation kann nicht aufbauend gestaltet werden und so fühlt sich einer abgelehnt und der andere versucht, im Recht zu bleiben.

Sobald du deinen inneren Tyrannen nicht mehr zu Wort kommen lässt, wird es dir möglich, solche Situationen anders zu handhaben und umzudrehen: »*Ich hätte Lust auf chinesisches Essen!*« kannst du dann mit »*Ja, gute Idee, aber Thailänder wäre genauso toll!*« beantworten. Das erfordert natürlich einiges an Übung, weil du durch deinen inneren Tyrannen darin geprägt bist, es anders zu machen, aber wenn du dir in jedem Gespräch überlegst, was du tun musst, damit die Bauklötze übereinander zum Stehen kommen, wird es nach einer Weile eine neue Gewohnheit und du wirst eines Tages nicht mehr aktiv darüber nachdenken müssen. Zu Beginn ist es hilfreich, kurz eine Denkpause einzulegen, bevor du dem alten Muster entsprechend vorschnell etwas zum anderen sagst, bis du darin geübt bist, es automatisch zu tun.

Die als Drittes erwähnten meist unbewussten Liebestests innerhalb einer Partnerschaft sind ebenso alles andere als förderlich. Der Hintergrund dieser Prüfungen ist die Erwartungshaltung, dass der andere die gleichen Überzeugungen und Bedürfnisse hat wie du. Teil dieses Musters ist die fälschliche Annahme, der Partner könne Gedanken lesen.

Das, was du für jemand anderen tust, wenn du liebst, muss nicht das Gleiche sein wie das, wodurch dein Partner seine Liebe zum Ausdruck bringt.

Der innere Tyrann sorgt leider für Glaubenssätze wie »*Wenn mich mein Partner liebt, muss er mich in meiner Karriere unterstützen und wissen, dass ich es für uns oder unsere Kinder tu*«. Du ahnst es gewiss schon: Diese Haltung ist besonders bei Männern schwer beliebt. Viele Frauen haben dafür die Erwartung »*Wenn er mich wirklich liebt, muss er mir immer nahe sein.«* Erweitert kommt häufig hinzu: *»Besonders wenn wir gemeinsam unter Leuten sind, beweist er mir seine Liebe, indem er seine Augen nicht von mir lässt und stets an meiner Seite ist.«* Ihre inneren Tyrannen haben ihnen offensichtlich beigebracht: Gerade vor fremden Menschen ist es wichtig, die Zusammengehörigkeit zu präsentieren. Vielleicht gehört ihr Partner aber zu jenen Menschen, die Pärchen, die auf jeder Party händchenhaltend zusammensitzen, ganz furchtbar findet – und damit wird er andere Werte haben und das anders leben wollen.

Auch hierfür ein Beispiel: Ein Mann kommt aus einer Familie, in der er gelernt hat *»Bei einem Streit wird so lange diskutiert, bis das Problem aus der Welt geschafft wurde«*. Seine Freundin ist mit dem Wert und der daraus resultierenden Vorgehensweise aufgewachsen, dass bei einem Streit viel zu viel Emotion entladen wird, weshalb die betreffenden Parteien erst einmal getrennt voneinander runterkommen und ausdampfen sollten, bevor alle entspannt noch einmal zusammenkommen, um den Konflikt zu klären. Teilen sie das einander nicht mit, wird sich der Mann im Fall einer hitzigen Diskussion vor den Kopf gestoßen fühlen, wenn seine Partnerin den Raum verlässt, um Abstand zu gewinnen. Darum ist es wichtig, den anderen aktiv wissen zu lassen, was du dir wünschst, anstatt zu erwarten, dass er es errät, und dann zu schmollen oder sauer zu reagieren, sollte er das nicht hinbekommen.

Der andere ist eben in manchen Dingen einfach anders.

Mach dir bewusst, dass dein Partner selbstverständlich anders ist als du! Weil sich gerade Gegensätze anziehen, ist das sogar gut so. Das Entscheidende ist, zu verinnerlichen: Dein

Partner kann völlig anderer Meinung sein als du, komplett unterschiedliche Vorlieben haben, er kann sogar die Welt anders sehen – und trotzdem kann er dich lieben. Der Glaubenssatz »*Wenn er/sie mich liebt, dann liebt er/sie alles, was mich betrifft: meine Familie, meine Freunde, meine Hobbys, meine Leidenschaften – einfach alles*« ist einer, den du deinem inneren Tyrannen am besten sofort austreibst.

Ganz ehrlich: Wünschst du dir insgeheim, dass sich dein Partner ändern wird? Die schlechte Information dazu: *Du* kannst deinen Partner nicht verändern – das kann er nur selbst tun. Und *du* kannst ausschließlich *dich* verändern, und zwar in Bezug auf deine Bewertungen seines Verhaltens oder die Art, wie du mit ihm kommunizierst. Also verändere deine Ansichten und deine Bewertungen, denn – du weißt das inzwischen – womit du im Widerstand bist, wird nur stärker, und darum ist es an der Zeit, bewusst zu hinterfragen, warum du dich dagegen wehrst. »*Willst*« du dich ärgern, traurig oder unzufrieden sein, so musst du das schon selbst machen! Negative Kritik am Partner jedenfalls führt nicht gerade zu mehr Verbundenheit und stärkt bestimmt nicht die Verliebtheit. Was kannst du stattdessen tun, wenn dich ein bestimmtes Verhalten so stört, dass du dir in Bezug darauf eine Veränderung von ihm wünschst? Auf gar keinen Fall solltest du deinem Partner Liebe entziehen und ihm zeigen, dass du dieser Eigenschaft wegen nicht mehr mit ihm kommunizieren möchtest.

Die einzige Möglichkeit, die du in einer Beziehung hast, ist es, Wünsche zu äußern.

Das solltest du in einer Art und Weise machen, durch die dein Partner sich nicht abgewertet und abgelehnt fühlt, sondern dessen ungeachtet angenommen. »*Du weißt: Ich liebe dich. Und du weißt, dass ich einen Putzfimmel habe. Wenn du mir einen großen Gefallen tun möchtest und es dir leichtfällt, dann räum bitte deine Sachen an ihren Platz zurück!«* kann viel besser angenommen werden als ein *»Räum endlich dein Zeug weg!«* Überleg dir dazu nur mal Folgendes: Sofern du einen Streit mit deinem Partner schon hundertmal geführt hast und trotzdem mit ihm zusammenbleibst, weil du ihn liebst, könntest du das Streiten auch einfach weglassen, richtig? Es ist kein Eingeständnis von Schwäche, sondern von Größe, manche eurer Differenzen als Paar wie einen gemeinsamen Schicksalsschlag zu akzeptieren!

Das Rezept für eine erfüllende Karriere

Was deinen Beruf angeht, so hat dich dein innerer Tyrann vielleicht bislang davon abgehalten zu erkennen, worum es wirklich gehen sollte, worauf es dir in Wahrheit ankommt. Darum wollen wir das an dieser Stelle nachholen: Du hast mehr verdient, als im unsäglichen Hamsterrad eines Nine-to-five-Jobs zu rotieren, wenn dich dieser nicht glücklich macht! Aber beginnen wir von vorn: Viele Menschen werden durch Einschränkungen ihres inneren Tyrannen davon abgehalten, das zu tun, was ihnen Spaß macht, was sie in ihrem Inneren erfüllt. Bei manchen spielt zudem das Paradigma der vergangenen Generationen mit, der einmal erlernte Beruf müsse fürs ganze Leben funktionieren. Für einige ist das auch so, doch längst nicht mehr für alle. Wenn die wichtigen Werte »Freiheit«, »Wachstum« und »Leidenschaft« in deinem Berufsleben auf der Strecke bleiben, ist es an der Zeit, zu handeln. Denn du kannst mit Sicherheit noch viel mehr als das, was du bislang gemacht hast. Wenn du über Jahrzehnte glücklich mit deinem Job bist – wunderbar! Wenn du dich insgeheim aber nach etwas anderem sehnst, dann lass das zu und schau genauer hin, was das sein könnte! Hör nicht länger auf deinen inneren Tyrannen, sollte er dir bislang vorgegeben haben, Stellen zu wählen, die vermeintliche Sicherheit versprechen, sofern du dir ein erfüllendes und erfülltes Berufsleben ausmalst. Eine Funktion, die du ausübst, weil du glaubst, du *musst* sie eben ausüben, weil du nicht weißt, was du stattdessen tun solltest, ist eher nicht die richtige für dich. Sei dir sicher: Du könntest bestimmt etwas völlig anderes machen! Du hast sicher zahlreiche Talente und Fähigkeiten, die nur von dir entdeckt werden wollen.

Pauschal gesagt kannst du dich bis Mitte dreißig ausprobieren und Jobs wählen, die deine Neugierde befriedigen, die dich inhaltlich interessieren, um herauszufinden, was dir Freude macht und worin du gut bist. Um deinen Lebenslauf kannst du dich später immer noch kümmern. Gerade in deinen Anfangsjahren im Business gilt:

Was du freiwillig und ohne Bezahlung gern tust, worüber du dich oft unterhältst und wofür du in deinem Umfeld bekannt bist, verrät dir einiges über deine Talente und Fähigkeiten.

Typische Gedanken, die eindeutige Hinweise auf eine gewisse Unzufriedenheit mit deinem beruflichen Status quo geben, sind *»Uff, endlich Freitagabend!«*, *»Nur noch zehn Jahre bis zur Pensionierung …«* oder *»Es freut mich überhaupt nicht, aber man muss halt irgendwie sein Geld verdienen!«* Hast du zudem noch wenig Energie nach der Arbeit, sehnst ab Mittwoch das Wochenende herbei und zählst die Monate bis zum nächsten Urlaub, so ist das bereits eine Antwort auf die Frage, ob du den für dich passenden Job hast. Bevor du dich fragst, was stattdessen der ideale Beruf für dich sein könnte, solltest du dich mit dem auseinandersetzen, was du auf keinen Fall möchtest, um herauszufinden, was *nicht* für dich passt.

Es ist auch an der Zeit, zu hinterfragen, welche Entscheidungen in beruflichen Dingen du um deiner selbst willen getroffen hast, und welche de facto, um deinen Eltern zu gefallen, um sie stolz zu machen, um sie nicht zu enttäuschen – oder aber, um sie zu ärgern. Haben sich deine Eltern beispielsweise in den Kopf gesetzt, dass du ein Universitätsstudium absolvierst – weil sie das selbst nicht tun konnten oder eben weil sie beide akademische Abschlüsse haben –, dann muss das noch lange nicht dein Weg sein. Sollte dein Vater Geschäftsmann sein und dir seine Firma mit Antritt seines Ruhestands überschreiben wollen, so könnte es durchaus sein, dass du dich überhaupt nicht für sein Gebiet begeistern kannst. Es gibt die unterschiedlichsten Wenn-dann-Geschichten, was die Berufswahl auf dem Hintergrund der Herkunftsfamilie betrifft: Menschen, die gern Lehrer wären, aber Jus oder Medizin studieren, weil sie glauben, das wäre standesgemäßer; Menschen, denen Diplome an der Wand wichtiger sind als ihr reales Leben; Menschen, die sich vorgenommen haben, einige Jahre so richtig durchzubeißen, um danach den Reichtum genießen zu können. Letzteres scheint gerade heftig in Mode zu sein, wenn man sich diverse Motivationstrainerinnen und Speaker so anhört: *»Lebe einige Jahre ein Leben, das kaum jemand so haben möchte, um danach eines leben zu können, das kaum jemand je wird haben können«* und ähnliche Sprüche liest man auf deren Websites und in deren Social-Media-Profilen. Überlegt sich irgendjemand von ihnen, was wäre, wenn es diese späteren Jahre dann gar nicht geben sollte? Wir haben bereits besprochen, dass unser Leben definitiv enden wird – und wir wissen nicht, wann. Möchtest du vor diesem Hintergrund betrachtet wirklich einige Jahre deines so kostbaren Lebens verschwenden, indem du rund um die Uhr rackerst, und das in einem Gebiet, das dich nicht glücklich macht – nur um die Wahrscheinlichkeit zu erhöhen, dass du nach zehn Jahren des unermüdlichen Arbeitens viel Geld auf die Seite geschafft hast? Ist es das, worum es gehen sollte? Oder sollte es vielmehr darum gehen, jeden Tag deines Lebens so zu gestalten, wie du es gern hast, um dich im Hier und Jetzt großartig zu fühlen, anstatt einer Zukunft hinterherzujagen, von der niemand wissen kann, ob sie je so eintreten wird? Geht es bei Erfolg darum, berühmt und reich zu werden? Möchtest du nicht lieber selbst bestimmen, worüber du deinen Erfolg definierst?

Mach dir darüber in Ruhe Gedanken – und auch über die gesellschaftlichen Hintergründe solcher Fragen: Unsere Kultur (Eltern, Schule, Werbung) trimmt uns darauf, möglichst unabhängige Einzelkämpfer zu werden, und so mangelt es vielen an Empathie, dem Wunsch nach Zusammenhalt und Kollaborationsbereitschaft, obwohl das die Parameter sind, die für die künftigen Aufgaben am wichtigsten sein werden. Zum ersten Mal in der Menschheitsgeschichte bemerken wir nämlich so deutlich wie nie, dass es so nicht weitergehen kann. Sei es die drohende Klimakrise oder Covid 19, das uns gezeigt hat, wie schnell sich alles wandeln kann:

Die Welt des Egos und des Egoismus ist über kurz oder lang dem Untergang geweiht.

Es ist an der Zeit, alle Menschen zur Mitte zu vereinigen und darauf zu achten, wer Hilfe und Unterstützung benötigt. Wenn alle auf ein gemeinsames Ziel hin arbeiten würden, wäre jedem klar, was als Nächstes dran ist. Wir könnten sogar einem Feind vertrauen, würden wir ein gemeinsames Ziel mit ihm verfolgen. Diverse Science-Fiction-Filme haben gezeigt, wie sich die unterschiedlichsten Menschen auf Erden plötzlich vereinen können, wenn es darum geht, einen Feind im Außen zu bekämpfen: Fühlt sich die Weltbevölkerung von Aliens bedroht, spielt es auf einmal keine Rolle mehr, ob jemand an Gott oder Allah glaubt oder sich als Atheist versteht, ob jemand mit weißer oder schwarzer Hautfarbe geboren wurde, welche Sprache ein Mensch spricht und welcher sozialen Schicht er angehört. Genau darum sollte es gehen – und das wird sich letztlich auch auf unser Berufsleben auswirken.

Karriere wird in Zukunft nur machen können, wer echten Mehrwert für andere bietet.

Alles, was auf Dauer keinen Mehrwert stiftet, wird über kurz oder lang untergehen. Auch Führung funktioniert besser, wenn anlassbezogen jeder für seinen Bereich Verantwortung übernimmt und sein Team führt, anstatt an starren hierarchischen Systemen festzuhalten. Solltest du jemandem vorgesetzt sein, so denk immer daran: Es gibt keine schlechten Teams – es gibt nur schlechte Leader. In Zeiten des Internets kannst du nicht im stillen Kämmerchen bleiben und dein Wissen horten. Es wird irgendwann jemanden geben, der davon erfährt oder ähnliche Dinge entdeckt. Darum muss die Welt von morgen eine der Kooperation und des Miteinanders werden. Sonst werden wir als Menschheit nicht nachhaltig bestehen bleiben können.

Deinen Beruf nach diesen Gesichtspunkten zu wählen, wird dich auf den richtigen Weg bringen und in Kombination mit etwas, das du richtig gern tust und gut kannst, dazu führen, dass du etwas Passendes für dich finden wirst. Noch etwas wird dir dabei helfen, eine gleichermaßen erfüllende wie erfolgreiche Karriere zu starten: Zu sagen, was du möchtest. Das gilt für den Business-Kontext nämlich genauso wie für den privaten. Denk nur an die negativen Unterstellungen zurück: Hast du etwa vor, mit jemandem ein Geschäft abzuschließen, von dem du gehört hast, er hätte bereits ein paar Dinge verbockt, vor dem dich womöglich sogar jemand gewarnt hat, und du begegnest ihm infolgedessen mit einer negativen Erwartungshaltung, wird das zu einer unangenehmen Situation für euch beide führen. Stell dir nur vor, du würdest ihm sagen: *»Nachdem mir gesagt worden ist, du bist nicht ehrlich, du ziehst Geschäftspartner über den Tisch, ist die Voraussetzung dafür, dass ich mich auf dieses Geschäft mit dir einlasse, dass wir einen Vertrag aufsetzen und beide unterschreiben«*, so würde das für eine recht schlechte Stimmung und Ausgangsbasis sorgen. Unterstellst du ihm aber trotz seiner Fehler in der Vergangenheit etwas Positives, indem du sagst: *»Ich bin davon überzeugt, dass du ein ehrlicher Mensch bist und einfach nur ein gutes Geschäft machen möchtest. Um Unstimmigkeiten vorzubeugen, lass uns doch einen Vertrag unterzeichnen!«*, dann klingt das komplett anders.

Solltest du dich in einer Situation befinden, in der du nicht loslassen kannst, obwohl es notwendig ist, den Arbeitsplatz oder die Arbeitsform zu wechseln (etwa ein Angestelltenverhältnis aufzugeben und dich selbstständig zu machen, um dich besser entwickeln zu können), behalte im Hinterkopf, dass du nicht vor einer geschlossenen Tür stehen bleiben solltest. Währenddessen übersiehst du unter Umständen, wo sich inzwischen eine andere Tür geöffnet hat.

Wenn sich eine Tür schließt, öffnet sich eine andere, aber wir stehen ewig vor geschlossenen Türen.

Neben dem Loslassprozess auf Seite 205, der auf alle Lebensbereiche anwendbar ist, findest du im Übungsteil hinten mehrere Maßnahmen, die dir auf dem Weg in ein erfülltes Berufsleben behilflich sein werden: Auf Seite 209 geht es darum, dem Sinn deines Lebens auf die Spur zu kommen, auf Seite 210 kannst du dir ein Bild von deiner idealen Kundschaft machen (das ist vor allem interessant, wenn du bereits ein eigenes Unternehmen hast oder mit dem Gedanken spielst, dich selbstständig zu machen), und auf Seite 195 lernst du, einen Zielprozess erfolgreich durchzuführen.

Die Kunst, dir nicht länger selbst im Weg zu stehen

Dich erfolgreich zu fühlen, bedeutet, reich an dem zu sein, was folgt. Damit du erfolgreich bist, was dein Leben ohne deinen inneren Tyrannen betrifft, und dir nicht mehr selbst im Weg stehst, ist es wichtig, dir ein paar Gesetze des Glücks immer und immer wieder bewusst zu machen. Die im Folgenden nochmals zusammengefassten Maßnahmen kannst du in Akutfällen einsetzen, wenn du wieder diese altbekannte negative Stimme im Kopf hörst. Insgesamt geht es darum, etwas Grundsätzliches zu begreifen und dem bewusst entgegenzuwirken: Wir alle sind letztlich zu gestresst. Der ewige Zeitdruck, die gefühlte Zeitnot ist unser schwerster Rucksack. Überfordert von unseren To-dos spüren wir uns selbst kaum noch – und das macht unglücklich, beziehungsunfähig und verwehrt uns, was wir am meisten brauchen: Ruhe im Kopf und die Fähigkeit, gegenwärtig zu sein. Beim Zurücklassen deines inneren Tyrannen handelt es sich um einen Prozess, für den du dir Zeit nehmen darfst. Schon während dieser Veränderungsphase kannst du üben, worum es bis an dein Lebensende gehen wird: dich anzunehmen, wie du bist, um dich wahrhaftig selbst zu lieben – und im Hier und Jetzt zu leben. Setz dich mit diesen Aufgaben aber nicht zusätzlich unter Druck und vergiss dabei nicht: Als Erstes solltest du dich um die Ruhe im Kopf kümmern, da mit ihr der innere Frieden kommt. Dann erst ist das angestrebte Glücklichsein dran!

Das Trumpfblatt deines inneren Tyrannen war es bisher, dafür zu sorgen, dass du dich selbst runtermachst – in der Hoffnung, dadurch besser zu werden. *»Ich bin immer noch zu dick und darum muss ich jetzt endlich auf bestimmte Lebensmittel verzichten und regelmäßig ins Fitnesscenter gehen!«* als realistisches Beispiel ist kein liebevoller Gedanke, folglich kann er nicht der richtige sein. Es ist fundamental, solche »Prügelgedanken« sofort in der Sekunde zu unterbrechen, in der du sie denkst. Gestatte dir, anzunehmen, was du bisher an dir abgelehnt hast! Richtige Gedanken wären: *»Wie kann ich mir wohler in meiner Haut fühlen? Was kann ich mir Gutes tun? Welcher Sport macht mir Spaß?«* Denn wenn du in der Freude bist, hat der Widerstand keine Chance. Denk immer daran: Du bist nicht deine Emotionen! Deine Emotionen kommen aus deinen Rollen und den damit verbundenen Regeln und Werten. Darum distanzier dich von deinen bisherigen Rollen und ersetz sie durch bessere! Solltest du in einer negativen Emotion feststecken, erinnere dich daran, was du tun kannst:

Unterbrich das dahinterliegende Muster, indem du deinen Zustand aktiv änderst!

Üb dich darin, dich zu beobachten, um künftig schneller zu erkennen, wenn du dich in einem negativen Zustand befindest, damit du umgehend darauf reagieren kannst. Dein Gehirn benötigt in solchen Fällen einen Unterbrecher, also nimm dir all das zu Hilfe, was du jetzt weißt: Es geht als Erstes darum, eine andere Körperhaltung einzunehmen, anders mit Sprache umzugehen und dich um deinen Fokus zu kümmern. Spring deshalb bei wenig Zeit ein paar Hampelmänner oder geh bei mehr Zeit eine Runde laufen! Beides wird deinen Hormonhaushalt verändern und es dir schon sehr viel schwerer machen, dich weiterhin mies zu fühlen. Je öfter du das tust, desto leichter wird es dir fallen, diese Methode umzusetzen und desto früher wirst du deinen inneren Tyrannen zum Schweigen gebracht haben.

Als Zweites überprüf, welche Fragen du dir stellst und welchen Gedanken du Glauben schenken möchtest! In einem dritten Schritt kannst du noch ein klar definiertes, attraktives Ziel für dich festlegen und zeitgleich dankbar für das sein, was du bereits hast. Damit denkst du an die Vorteile in deinem Leben und nicht an das, was dir aktuell noch fehlt. Und: Du kommst im Hier und Jetzt an, denn nur in der Gegenwart kannst du etwas verändern – dich über Vergangenes zu ärgern oder vor Zukünftigem Angst zu haben, bringt hingegen gar nichts. Vergiss nicht, dein Wunschbild detailliert zu formulieren, also nicht: *»Ich möchte mehr Geld haben«*, sondern *»Ich möchte mich finanziell sicher fühlen und so viel Geld haben, dass ich frei bin zu tun, was ich mir für mein Leben vorstelle.«* Achte darauf, keine Vergleiche, keine Negierungen und keine »Weg von«-Formulierungen zu verwenden. Als Letztes stell dir eine neue und bessere Frage in Bezug auf dein Ziel. Damit gibst du deinem Unbewussten die Gelegenheit, die Antworten zu finden, nach denen du bislang vergeblich gesucht hast.

Du hast alle Ressourcen, die du brauchst. Die Welt da draußen bietet sie dir! Vergiss nicht: Du bist nicht länger eine Kreation des Lebens, sondern der Macher deiner eigenen Welt. Und jetzt tu uns einen großen Gefallen:

Leb dein Leben gut – du hast nur das eine!

ÜBUNGEN, UM DEINEN INNEREN TYRANNEN ZU VERTREIBEN

In diesem Kapitel findest du eigens dafür ausgesuchte Übungen, die dich in deinem Veränderungsprozess unterstützen werden. Du kannst sie selbstverständlich in schwachen Momenten oder bei neuen herausfordernden Situationen immer wieder durchgehen, um Zuversicht und Stärke zu gewinnen, solltest du dich erneut unsicher fühlen oder zweifeln – oder falls sich dein innerer Tyrann aus irgendeinem Grund zurückmeldet.

Die »5 – 4 – 3 – 2 – 1«-Technik

Möchtest du dich verändern und deinen inneren Tyrannen loswerden, dann könnte es ein grobes Hindernis sein, darauf zu warten, bis es sich gut anfühlt, diesen Prozess anzugehen. Das könnte nämlich dauern ... Darum ist es wichtig, dass du *sofort* den ersten Schritt machst, nachdem du deine Entscheidung getroffen hast. Du wirst dich nicht unmittelbar danach wohl damit fühlen, du wirst womöglich immer noch taumeln und unsicher sein, aber sofern du schon auf dem Weg in Richtung Ziel bist, hast du die Überwindung zum Starten bereits hinter dich gebracht. Das gilt auch für all die anderen hier vorgestellten Übungen: Mach sie am besten sofort. Diese Technik wird dich dabei unterstützen.

Aus der Hirnforschung wissen wir: Du hast in deinem Organismus eine Handbremse eingebaut, die sich immer einschaltet, wenn dein Gehirn dich vor gefährlichen Entscheidungen schützen möchte. Und dieser Mechanismus steht dir – personifiziert als dein innerer Tyrann – in Bezug auf Veränderung im Weg, weil er dafür sorgt, dass du darauf wartest, bis es sich gut anfühlt. Darum ist wichtig zu wissen:

Es wird sich nie gut anfühlen, den ersten Schritt zu machen!

Gehörst du zu jenen, die Schwierigkeiten damit haben, mit einer Veränderung zu starten? Dann wird es sich möglicherweise nie gut anfühlen, zum ersten Mal ins Fitnesscenter zu gehen, deinen derzeitigen Job hinzuschmeißen, das Krisengespräch mit deinem Partner zu suchen oder den ersten Karton für den Umzug zu packen. Halt dich also an folgende Technik der US-amerikanischen Motivationsrednerin Mel Robbins, um deinen inneren Tyrannen zu übertönen, wenn er dir einflüstert, dass das sowieso nichts bringt, nicht gut für dich ist, mühsam werden oder dir nur Kummer bringen wird: Sprich laut den Countdown »Fünf – vier – drei – zwei – eins!« aus und dann mach den allerersten Schritt auf dem Weg zur Veränderung, indem du dir im Fitnesscenter einen Termin buchst, recherchierst, was du bei einer ordentlichen Kündigung beachten musst, deinem Partner ankündigst, dass du gern konstruktiv mit ihm reden möchtest oder Umzugskartons kaufen gehst. Diese Zahlenabfolge rückwärts laut auszusprechen dient als Break des üblichen sabotierenden Geflüsters in deinem Kopf, wirkt wie ein Unterbrecher und signalisiert deinem inneren Tyrannen: *»Ich hör nicht, was du sagst – du brauchst gar nicht erst damit anzufangen!«*

Solltest du weniger Probleme mit dem Start, dafür aber mit dem Durchhalten haben, weil dich auf dem Weg immer wieder die Motivation verlässt, dann ist die nächste Übung die richtige für dich.

Mit dem Sieben-Schritte-Prozess zum Ziel

Damit du an deinem Vorhaben, deinen inneren Tyrannen zu vertreiben, auch tatsächlich dranbleibst, geben wir dir hiermit eine Übung an die Hand, die dich unterstützt, falls du in ein Motivationsloch fallen oder aus anderen Gründen vom Weg abkommen solltest.

Die meisten Menschen sind Wissensgiganten, aber Umsetzungsdilettanten.

Weil wir nicht wollen, dass du in Bezug auf deine Persönlichkeitsentwicklung hin zum freien Menschen ohne inneren Tyrannen zu einem solchen Umsetzungsdilettanten wirst, nimm dir Zeit, beuge mit diesem Prozess durch gute Vorbereitung einer etwaigen schlechten Stimmung vor und halte alles schriftlich fest, damit es sich in der Tiefe deines Unbewussten manifestieren kann!

Diesen Prozess kannst du außerdem für jedes andere Ziel durchlaufen. Gerade in beruflichen Angelegenheiten ist er ideal, um dich auf Spur zu bringen.

Such dir als Erstes das dringlichste Ziel aus, das dir momentan vorschwebt. Du kannst diese Übung in weitere Folge selbstverständlich als Vorbereitung für all deine Ziele durchführen, aber fang jetzt mit dem Wichtigsten an. Arbeite dazu die nachstehende Anleitung durch:

- *Konkret statt konfus – formuliere dein Ziel möglichst spezifisch und messbar:* Was genau ist dein Ziel? Was willst du wo, wann, mit wem und wie genau erreichen? Finde ein well-formed outcome: Formuliere dein Ziel konkret und positiv, leg einen festen Zeitrahmen bis zur Erreichung fest und überprüfe, ob dein angestrebtes Ziel innerhalb deiner Kompetenz liegt!

- *Die Werte hinterfragen:* Welche Werte wirken hinter deinem Ziel? Was verwirklicht sich durch die Erreichung deines Ziels?
- *Pseudoorientierung in der Zeit:* Woran wirst du erkennen, dass du dein Ziel erreicht hast? Was sind die genauen Merkmale des Zielzustands? Welche sinnesspezifischen Merkmale beinhaltet der Zustand der Zielerreichung?
- *Das Ziel auf positive Veränderung prüfen:* Was wird durch das Erreichen des Ziels in deinem Leben besser werden?
- *Das Ziel auf negative Veränderung prüfen:* Gibt es etwas, das durch die Erreichung des Ziels auf der Strecke bleiben könnte?
- *Die Voraussetzung prüfen:* Welche Ressourcen sind notwendig, damit du dein Ziel erreichen kannst?
- *Hinderungsgründe identifizieren:* Was hindert dich daran, sofort loszulegen?

Nachdem du dich intensiv mit deinem Ziel auseinandergesetzt hast, denk an die »5 – 4 – 3 – 2 – 1«-Technik und setz sofort den ersten Schritt!

Die Kraft der Sprache

Um den Dialog mit dir selbst und mit anderen zu verbessern, kannst du Folgendes üben: Mach eine Liste von allen Emotionen, die dir einfallen! Was kannst du alles fühlen?

Wenn die Liste der negativen Emotionen länger ausfallen sollte als die der positiven, nimm dir Zeit, um dich intensiver mit möglichen positiven auseinanderzusetzen. Es gibt nicht nur »glücklich«, »zufrieden« und »fröhlich«!

Hier eine kleine Auswahl an möglichen anderen schönen Emotionen, um dich diesbezüglich ein wenig zu inspirieren:

- begeistert
- motiviert
- angeregt
- neugierig
- entspannt
- beeindruckt
- erfreut
- ausgelassen
- befriedigt
- elektrisiert
- berauscht
- kompetent
- beschwingt
- produktiv
- triumphierend

Und jetzt mach deine eigene Liste, um ein besseres Bild davon zu bekommen, welche positiven Emotionen du haben könntest!

Selbstliebe üben

Um dich in Selbstliebe zu üben, beobachte dich drei Tage lang äußerst bewusst und achte auf die Art und Weise, was dein innerer Tyrann dir über dich selber sagt, wie du infolge zu dir selbst sprichst und mit dir redest, wie oft du mit dir im Widerstand bist, indem du dich abwertest und runtermachst, ein bestimmtes Verhalten oder einen Körperteil an dir ablehnst und dich innerlich ein klein wenig prügelst, anstatt dir ein eine gute Freundin oder ein guter Coach zu sein.

Am besten hast du zwei Handvoll getrocknete Bohnen bei dir (in beiden Hosentaschen oder in zwei beschrifteten Beuteln, damit du sie auseinanderhalten kannst – es geht darum, zweimal die gleiche Menge zu haben) und jedes Mal, wenn du dich selbst gut behandelst, dir etwas Gutes tust und liebevoll mit dir umgehst, nimmst du eine Bohne aus der rechten Tasche bzw. dem einen Beutel und steckst sie in die linke bzw. den anderen Beutel. Sobald du etwas an dir ablehnst und negativ über dich denkst, nimmst du eine Bohne aus der linken Tasche und gibst sie in die rechte bzw. tust das mit den beschriebenen Beuteln.

Nach Ablauf der drei Tage wirst du sehen, ob du stärker mit Angst und Ablehnung oder mit Liebe und Annahme unterwegs warst, was dich selbst betrifft. Solltest du auf die Übung vergessen und dich dafür schimpfen, musst du das Spiel mit den Bohnen natürlich auch machen! Wenn du es geschafft hast, keine Bohnen mehr in der rechten Tasche bzw. dem Beutel des inneren Tyrannen zu haben, kochst du dir einen Bohneneintopf voller Liebe.

Muster entlarven

Um dem unbewussten, dich limitierenden Kreislauf zu entkommen und nicht länger in den Fängen deines inneren Tyrannen zu bleiben, stell dir folgende Fragen und beantworte sie schriftlich:

- Wo verlasse ich meine Komfortzone noch nicht?

  ....

  ....

  ....

- Was mach ich immer wieder, obwohl ich es nicht gern tu?

  ....

  ....

  ....

- In Bezug auf welche Lebenssituation leide ich lieber, anstatt das Problem zu lösen?

  ....

  ....

  ....

- Womit gebe ich mir eine limitierende Identität?

 ....

 ....

 ....

- In welchen Bereichen verhalte ich mich wie der Skorpion aus der Geschichte vorne?

 ....

 ....

 ....

- Was wäre eine neue und bessere Art, über mich selbst zu denken?

 ....

 ....

 ....

- Wodurch schränke ich mich in meinen Möglichkeiten ein?

 ....

 ....

 ....

- Was könnte ich außerhalb dessen, was ich bisher geglaubt habe, dass ich bin, noch sein?

....

....

....

An den Stellen in deinen Antworten, an denen du dir denkst …

- … dass du das aber nicht ändern möchtest,
- … dass du dort am wenigsten hin willst,
- … dass das einfach immer schon so war und dich deine (motivierenden, reflektierenden, dich in deiner Entwicklung fördernden) Freunde, deine Therapeutin oder dein Coach in Bezug darauf bloß nicht verstehen …

… liegt das größte Entwicklungspotenzial für dich! Hier solltest du ansetzen, um dich von deinem inneren Tyrannen zu befreien, dich ihm gegenüber zu emanzipieren. Das sich aufdrängende Problem ist immerhin selten das, worum es tatsächlich geht, es wird nur vom inneren Tyrannen nach vorne geschoben und auf dem Präsentierteller gezeigt, um von deinen wirklichen Konflikten abzulenken und dich dadurch weiter in deiner Komfortzone zu behalten.

Die Rollen deiner Kindheit

Bei dieser Übung geht es darum, herauszufinden, was in deiner Kindheit – in diesen ersten wichtigen vierzehn Jahren, von denen wir gesprochen haben –, geschehen ist: Was waren prägende und identitätsstiftende Erlebnisse, was waren die Muster, die dein innerer Tyrann als Basis für deine Grundhaltung zum Leben erhalten hat?

Dazu gibt es eine Reihe von Fragen, die vor allem Aufschluss über die Art gibt, wie du lieben gelernt hast. Am meisten wird dir diese Übung bringen, wenn du die einzelnen Fragen schriftlich, in Ruhe und ausführlich für dich beantwortest, um intensiv darüber zu reflektieren:

- Welche Art von Kind musstest du sein, um von deiner Mutter geliebt zu werden?
- Wer oder wie musstest du sein, um von deinem Vater geliebt zu werden?
- War das Thema »Beziehung« zentraler Mittelpunkt des gemeinsamen Lebens in deiner Herkunftsfamilie oder kann es nur am Rand vor?
- War dein Auftrag: »Kümmere dich um dich selbst!« oder »Kümmere dich um andere!«?
- Hat man sich um dich gekümmert oder musstest du dich um andere kümmern?
- Welchen Stellenwert hattest du in deiner Familie? Warst du das goldene Kalb oder das schwarze Schaf, der Engel oder der Sündenbock?
- Durftest du zu Hause laut lachen?
- Durftest du zu Hause laut weinen?
- Wurdest du zur Autonomie (»Verlass dich auf dich selbst!«) oder zur Loyalität (»Wer kann dir helfen/dich unterstützen?«) erzogen?
- Solltest du sagen, was du willst, oder ging es darum, herauszufinden, was andere von dir wollen?
- Hast du gelernt: »Tu, was richtig ist für dich!« oder »Tu etwas für andere!«?
- Wurdest du beschützt oder musstest du dich selbst schützen und in Sicherheit bringen?

- Durftest du dich ausprobieren und entwickeln oder musstest du den Regeln folgen und darauf achten, keine Fehler zu machen?
- Wie nachsichtig und fehlerfreundlich sind deine Eltern mit sich selbst und mit dir umgegangen?
- Wurdest du geküsst, geknuddelt, gestreichelt, geschaukelt, belohnt oder geschlagen, bestraft, misshandelt, gedemütigt?
- Gab es Grenzen in deiner Familie in Bezug auf Privatsphäre, freien Willen und Sexualität?
- War es dir erlaubt, gesehen und gehört zu werden, oder war es besser, still zu sein und nicht zu stören?
- Wie sind deine Eltern damit umgegangen, als du zum ersten Mal verliebt warst?
- Wie ist deine Familie mit Sexualität umgegangen? Wurde sie offen oder geheim gelebt?
- Gab es den Wert der Treue in deiner Familie bzw. war Untreue ein Thema?
- Wonach hast du dich nach deiner Kindheit beim Verlassen deines Elternhauses gesehnt: nach Sicherheit, Verbindung, Stabilität, Raum, Freiheit, Abenteuer, Erfahrungen?

Wahrscheinlich sind dir beim gedanklichen Eintauchen in deine Kindheit einige Begebenheiten unterkommen, die dich geärgert, gekränkt oder gar verletzt haben. Vielleicht denkst du dir: *»Meine Eltern haben verdammt viel falsch gemacht!«*, *»Ich hab zu wenig bekommen!«* oder *»Ich hätte mir bessere Eltern gewünscht.«* Indem du solche Gedanken hast, blickst du natürlich nicht mit Liebe, sondern mit purer Angst auf deine Eltern. Damit gehst du emotional in den Widerstand, wehrst dich gegen das, was war, und schaffst es nicht, deine Eltern vollkommen anzunehmen, was dir nur weiteren Kummer und neue Probleme bringen und den inneren Tyrannen erneut auf den Plan rufen wird. Das ist es selbstverständlich nicht, was diese Übung bewirken soll. Falls das eingetreten sein sollte, mach dir einmal mehr bewusst, was du inzwischen weißt: dass du mittels Wut auf deine Eltern alles ablehnst, was dich ausmacht – sogar das Leben an sich, wenn du zurück an den Stammbaum deines Ich-Seins denkst!

Folgender Hinweis soll dich darin unterstützen, diese Gedanken zu transformieren:

Die Abnabelung von deinen Eltern und deine nachfolgende Weiterentwicklung können nur mit Liebe passieren.

Solange du im Konflikt mit deinen Eltern bleibst, stehst du deinem eigenen Glück im Weg. Überleg dir dazu, wie es sich bei echten Feinden verhält: Im Krieg sind die gegnerischen Parteien besonders eng miteinander verbunden, weil sie permanent darauf achten müssen, was der Gegner tut. Auf dein Leben umgemünzt bedeutet das: Empfindest du Ärger, Enttäuschung, Trauer, Furcht oder Schuld im Zusammenhang mit deinen Eltern, dann ist das immer noch der egoistische Blickwinkel deines früheren Selbst – der Blickwinkel eines Kindes, das mit Angst auf seine Eltern schaut, weil es nicht annehmen kann, was war. Du bist aber schon erwachsen und darum kannst du verinnerlichen, was du unbewusst längst weißt und wovon dich dein innerer Tyrann bloß bislang abgelenkt hat:

Wenn du mit der Wahrheit streitest, verlierst du.

Vergangenes gehen lassen

Auch diese Übung wird dir dabei helfen, negative Emotionen in Bezug auf deine Vergangenheit gehen zu lassen, manches zu hinterfragen und deinen inneren Tyrannen in seiner Funktion besser zu verstehen.

Das Erste, was du gehen lassen solltest, ist die Geschichte, die dein innerer Tyrann immer wieder erzählt, um zu erklären oder zu rechtfertigen, warum du nicht bekommst, was du dir wünschst, denn diese Geschichte verhindert zeitgleich, dass sich das ändert. Weil alles an Kraft gewinnt, dem wir unsere Aufmerksamkeit schenken, wird diese Geschichte mit jedem Mal, wenn du sie in deinem Kopf hörst oder jemandem erzählst, größer. Um dieses Wachsen zu stoppen, lies dir die folgenden Fragen in aller Ruhe durch und beantworte sie dann schriftlich. Um einen weiteren Sinneskanal hinzuzuschalten, lies dir deine Antworten im Anschluss am besten zusätzlich selbst laut vor!

Wichtig dabei ist Folgendes: Beantworte diese Fragen nicht aus der reflektierten Sicht eines Erwachsenen, die du eventuell inzwischen eingenommen hast! Hier geht es um dein kleines Du, die kindliche Version von dir, dein inneres Kind, also soll genau dieses Kind in dir jetzt auch zu Wort kommen. Der Hintergrund dieser Anleitung: Wird dein kindliches Ich berührt, so hilft das deinem heutigen Erwachsenen-Ich enorm weiter.

Hier die Fragen:

- Wen beschuldigst du wofür?
- Was ist die Kerngeschichte deines Lebens, deiner Kindheit, die erklärt, warum dein Leben so ist, wie es ist?
- Welche Emotionen hattest du wegen dieser limitierenden Geschichte? Welche Emotionen entstehen, wenn du dieser Geschichte erlaubst, dich einzuschränken und deinem Glück im Weg zu stehen?

- Wie würden deine Eltern diese Geschichte erzählen, wie könnte sie aus ihrer Sicht aussehen?
- Wie genau hat dich diese Geschichte in deinen Entscheidungen, Beziehungen, in deiner Berufswahl beeinflusst?
- Wie beeinflusst diese Geschichte die Menschen in deinem Umfeld?
- In deiner Erinnerung: Was hättest du dir als Kind in der damaligen Situation gewünscht, was hast du von deinen Eltern erwartet? Was hast du gefordert?
- Welches Grundbedürfnis ist dir am wichtigsten bzw. welchem Grundbedürfnis schenkst du am meisten Aufmerksamkeit? Und wie genau befriedigt diese Geschichte dein Grundbedürfnis?
- Wenn du damals bekommen hättest, was du wolltest, hätte das dein Leben wirklich komplett verändert? Kannst du das mit Sicherheit wissen?

Bedenke: Wenn du jemanden für dein Leben beschuldigst, gibst du ihm die Kraft und nimmst dir deine eigene!

Bemüh dich jetzt darum, zu realisieren, dass deine Geschichte so keinen Sinn ergibt, weil es eine Geschichte ist, die so nur ein Kind erzählen würde, und dann beantworte die nächste Frage:

- Was wäre, wenn du die Geschichte aus einer anderen Perspektive erzählen würdest?

Versuche nun herauszufinden, wen du wofür beschuldigst, und benenne jeden Umstand konkret:

- »Ich beschuldige meinen Vater/meine Mutter dafür, dass er/sie …«
  … mir nicht genügend Aufmerksamkeit gegeben hat.

... meine Fragen nicht beantwortet hat.
... sich für andere Dinge mehr interessiert hat als für mich.
... nicht nett zu meiner Mutter/meinem Vater war.

Und jetzt beschuldige ihn oder sie für die Dinge, die sich in deinen Kindertagen schlecht für dich angefühlt haben, die heute aber gut an dir oder deinem Leben sind! (Das kann eine Eigenschaft wie deine Sensibilität, dein Humor oder deine Durchsetzungsstärke genauso sein wie dein beruflicher Erfolg.)

- Hat dein Vater/deine Mutter gewusst, dass du dich so lange an diese Geschichte erinnern würdest?
- Hat er/sie unbewusst für dich gelitten?
- Was fühlt er/sie heute?
- Was waren seine/ihre Bedürfnisse?
- Fühlt er/sie dein Urteil?
- Wie wäre es, diese Geschichte loszulassen, um echte Freiheit zu spüren, Lebenslust zu gewinnen und deinen inneren Tyrannen gehen lassen zu können?
- Wie würde die Geschichte lauten, wenn eine höhere Macht wie Gott, Buddha oder das Universum sie erzählen würde?
- Wofür könnte dieses Geschichte eine Metapher sein?

Wenn du alles aus dieser Übung herausholen möchtest, was sie zu bieten hat, empfehlen wir dir als Nächstes, deine alte Geschichte in einem künstlerischen Prozess zu verarbeiten. Du kannst einen Song darüber schreiben (Schlager, Country oder Rap eignen sich besonders gut dafür) und ihn dann singen *(»Ich habe meinen Vater/meine Mutter beschuldigt, weil er/sie mich nicht sehen wollte, doch heute bin ich ihm/ihr dankbar für ...«),* du kannst ein Bild zeichnen oder malen, das deine Geschichte ausdrückt, oder einen Tanz einstudieren – Hauptsache, du durchläufst einen kreativen

Prozess, der dir hilft, die Veränderung deiner Sichtweise zu manifestieren.

Änderst du diese Geschichte, so änderst du dein Leben!

In einem letzten Schritt geht es um eine Ahnengalerie: Besorg dir Fotos von deinen Großeltern und Eltern, stell sie eingerahmt innerhalb deiner vier Wände auf und schau während des Tages bewusst immer wieder einmal wohlwollend in deren Richtung!

Falls du auch nach dieser Übung noch Widerstand in der spürst und dir denkst: »*Ich kann meine Eltern einfach nicht annehmen oder lieben, denn was sie mir verwehrt/angetan haben, ist einfach zu schwerwiegend*«, dann geh jetzt mit uns folgenden Gedankengang mit:

Um in einem Kinderheim zu landen, muss ein Kind mehrfach (!) in eindeutiger Lebensgefahr gewesen sein. Dafür reicht es nicht, wenn der Nachbar den Zuständigen vom Jugendamt schildert, wie das Kind in der Wohnung gegenüber regelmäßig schmerzerfüllt schreit, sondern es braucht Beweise wie Aufzeichnungen oder Fotos. Erst unter diesen Voraussetzungen dürfen die Zuständigen einschreiten und das betroffene Kind aus der Familienhölle befreien. In diesen Fällen kommen die Kinder nie wieder in ihren Herkunftsfamilienverband zurück, da dort ihr Leben bedroht wäre. Ist ein gefährdetes Kind schließlich in einem Heim gelandet, muss sich dort eine Frau, die als Ersatz- oder Übergangsmutter fungiert, um dieses und etliche andere Kinder kümmern, was ihren täglichen Aufgabenbereich zu einem übervollen Tag anschwellen lässt. Kommt sie am Abend in eines der Zimmer, um zwei Kinder zu beruhigen, die weinen, streiten oder schreien, sagen diese Kinder nicht: »*Danke dafür, dass du mich vor meinen Eltern gerettet hast, auf mich aufpasst!*«, sondern sie bitten und betteln meistens: »*Ich will heim zu meinen Eltern!*«

Überleg dir, was das bedeutet: Wie schlimm es auch gewesen sein mag, was die Eltern ihrem Kind angetan haben (und es muss verdammt schlimm gewesen sein, wenn es wiederholt in Lebensgefahr war!) – diese Kinder lieben ihre Eltern trotzdem. Wir Menschen haben einfach ein tiefes Bedürfnis, unseren Eltern nahe zu sein, und das darfst du ausleben, also lass dich auf dieses Gefühl ein, setz dich damit auseinander und finde einen Weg, dem, was passiert ist, eine neue und bessere Bedeutung zu geben, um deinen Frieden damit machen zu können!

Der Sinn deines Lebens – Beruf oder Berufung?

In dieser Übung geht es darum, dir zu überlegen, welchen Sinn du deinem Leben, deinem restlichen Weg bis zum Tod geben möchtest. Sie kann dir auch bei der Suche nach einem passenden Beruf oder einem anderen Job für dich eine wertvolle Hilfestellung sein.

Denk während der Übung bewusst dran: Das Leben ≠ Events, das Leben = Emotion!

Nimm dir Zeit, diese Fragen durchzudenken und im Anschluss einmal mehr schriftlich zu beantworten:

- Was machst du immer wieder, ohne dass dich jemand dazu antreibt?
- Mit welchen Menschen umgibst du dich gern?
- In welchen Situationen fühlst du dich besonders wohl?

- Welchen Job würdest du wählen bzw. was würdest du mit deiner Zeit machen, wenn du kein Geld verdienen müsstest?
- Was möchtest du auf keinen Fall machen, was versuchst du zu vermeiden?
- Was wäre der schrecklichste Job der Welt für dich?
- Welche Filme siehst du dir immer wieder gern an und warum?
- Welche Bücher interessieren dich und worauf reflektierst du bei ihnen?
- Welche Themen, welche Menschen, welche Situationen berühren dich besonders?

Sollte dir die Beantwortung dieser Fragen dem Sinn deines Lebens nicht nahe genug gebracht haben, dann beschäftige dich mit diesem Thema noch länger, indem du deine Freunde fragst: »*Was würdest du sagen, begeistert mich besonders?*«, »*Wobei ertappst du mich immer wieder?*« oder »*Welche Botschaft sende ich deiner Meinung nach aus?*« Gespräche, die daraus entstehen, können dir Aufschluss darüber geben, wohin deine weitere Lebensreise gehen sollte.

Deine idealen Kundinnen und Geschäftspartner

Arbeite dich durch den folgenden Fragenkatalog durch (am besten wieder schriftlich – du kennst das inzwischen), um herauszufinden, in welchen Menschen und wo du deine idealen Kundinnen und Geschäftspartner findest. Dadurch wird dein Fokus auf genau diesen Menschentypus geschult werden, wodurch du ihn in Zukunft auch anziehen wirst.

Was du nicht willst:

- Was willst du nicht? Was sind deine absoluten No-Gos?
- Welche Verhaltensweisen, Charakterzüge, Vorlieben oder Abneigungen von Kundinnen/Geschäftspartnern passen nicht zu deinen Werten und Vorstellungen?
- Womit kannst du gar nicht umgehen?
- Welche deiner Werte darf eine Kundin/ein Geschäftspartner auf keinen Fall verletzen?
- Welche Emotion möchtest du in der Beziehung zu deinen Kundinnen/Geschäftspartnern unbedingt vermeiden?
- Was ist ein absolutes Muss und nicht verhandelbar, worin bist du auf keinen Fall kompromissbereit?

Was du willst:

- Mit welcher Art von Menschen umgibst du dich besonders gerne?
- Was ist deinen Kunden/Geschäftspartnerinnen im Leben wichtig?
- Was machen Menschen, die du gerne um dich hast?
- Worüber reden Menschen, die du besonders schätzt?
- Auf welche Art von Kundinnen/Geschäftspartnern würdest du dich besonders freuen, wenn du sie siehst?
- Welche Art von Kunden/Geschäftspartnerinnen fühlen sich nicht wie Arbeit an für dich?
- Mit welchen Menschen, Dingen, Themen beschäftigen und umgeben sich deine idealen Kundinnen/Geschäftspartner?
- Welche ethischen Standards, Einstellungen und Werte sind es, die du dir bei deinen Kunden/Geschäftspartnerinnen wünschst? Wie lernen diese Menschen gerne? Wie tragen solche Menschen zur Gesellschaft bei?
- Welches Umfeld möchtest du in deinem Leben kreieren, mit welchen Menschen möchtest du zusammenarbeiten?
- Welche Kundinnen/Geschäftspartner dürfen und sollen über deine Grenze kommen?

- Woran erkennst du bei Kunden/Geschäftspartnerinnen als Erstes, ob sie über deine Grenze kommen dürfen?
- Was und wer wäre es, bei dem du gar nicht glauben könntest, wenn du dafür bezahlt werden würdest?

Was deine idealen Kundinnen/Geschäftspartner nicht wollen:
- Was will dein idealer Kunde/deine Geschäftspartnerin nicht? Was sind seine absoluten No-Gos?
- Welche Verhaltensweisen, Charakterzüge, Vorlieben oder Abneigungen passen nicht zu seinen Werten und Vorstellungen?
- Womit kann dein idealer Kunde/deine ideale Geschäftspartnerin gar nicht umgehen?
- Welchen Wert darf jemand im Umfeld deiner idealen Kunden/Geschäftspartnerinnen auf keinen Fall verletzen?
- Welche Emotionen möchte deine ideale Kundin/dein Geschäftspartner unbedingt vermeiden?
- Was ist ein absolutes Muss und nicht verhandelbar für deine idealen Kundinnen/Geschäftspartner? Worin ist er auf keinen Fall kompromissbereit?
- Wer darf nicht über die Grenze deiner idealen Kundinnen/Geschäftspartner?

Was deine idealen Kundinnen/Geschäftspartner wollen:
- Was würden deine idealen Kundinnen/Geschäftspartner gerne von dir lernen?
- Welche Ziele und Werte hätten deine idealen Kunden/Geschäftspartnerinnen gern mit dir gemeinsam?
- Über welche Art von Humor solltest du aus der Sicht deines idealen Kunden/deiner Geschäftspartnerin lachen können?
- Mit welcher Art von Menschen umgeben sich deine idealen Kundinnen/Geschäftspartner besonders gerne?

- Was ist deinen idealen Kunden/Geschäftspartnerinnen im Leben besonders wichtig?
- Welche Menschen haben deine idealen Kundinnen/Geschäftspartner gerne um sich?
- Welche ethischen Standards, Einstellungen und Werte sind es, die sich dein idealer Kunde/deine Geschäftspartnerin von dir wünscht?
- Wie möchten deine idealen Kundinnen/Geschäftspartner von dir lernen?
- Welche Menschen dürfen und sollen über die Grenze deines idealen Kunden/deiner Geschäftspartnerin kommen?
- Woran erkennt dein idealer Kunde/deine Geschäftspartnerin als Erstes, ob jemand über seine Grenze kommen darf?

Als Letztes überleg dir die fünfzig größten Probleme deiner idealen Kundinnen/Geschäftspartner und die passenden Lösungsvorschläge dazu!

Achtsamkeit üben

Laut Jon Kabat-Zinn, einem US-Professor, der ein Programm entwickelt hat, mit dessen Hilfe Menschen von Stress und Ängsten befreiet werden können, eignen sich getrocknete Weinbeeren – also Rosinen – bestens dafür, um Achtsamkeit zu trainieren. Durch das intensive Einlassen auf eine Rosine gelingt es, komplett im Moment zu verweilen: Du kannst die Beschaffenheit des kleinen runzligen Dings erforschen, indem du eine Rosine zunächst in die Hand und später in den Mund nimmst und dich darauf einlässt, wie sie sich anfühlt. Stell dir dazu folgende Fragen und lass dir viel Zeit damit, bis du mindestens fünfzehn wertfreie Qualitäten beobachten konntest:

- Ist sie warm oder kalt, welche Form hat sie?
- Wie sieht sie aus?
- Ist sie fest oder weich, kannst du sie zerdrücken, welche Konsistenz hat sie?
- Wie hört sie sich an, wenn du sie an dein Ohr hältst und sie hin und her bewegst?
- Wie riecht sie, wie liegt sie auf der Zunge, wie fühlt sie sich auf den Zähnen an, wie schmeckt sie, wie lässt sie sich kauen?
- Wie fühlt es sich an, sie zu schlucken?

Wenn du die Rosine detailliert erforscht hast, dann hast du Achtsamkeit bestens geübt, denn damit hast du gelernt, aus der Bewertung zu gehen und im Beobachten zu verweilen. Gerade für Anfänger, was Achtsamkeit oder Meditation betrifft, ist das ein ideales Training.

Dankbarkeit üben

Damit die wertvolle Ressource der Dankbarkeit in deinem Leben einen dauerhaften Platz bekommen kann, mach es dir zur Gewohnheit, ein Dankbarkeitstagebuch zu führen. Hierbei geht es darum, dir (möglichst täglich) sowohl morgens als auch abends einige Fragen zu stellen, die du wiederum am besten schriftlich beantwortest.

- Die Morgenfragen:
  Worüber bist du glücklich?
  Worauf bist du stolz?
  Wer liebt dich und wen liebst du?
  Wofür bist du sonst noch dankbar?
- Die Abendfragen:

Was hast du heute alles getan?
Was hast du heute für dich und dein Leben getan?
Welchen Beitrag hast du heute für andere geleistet?
Was hast du heute gelernt?

Durch die Auseinandersetzung mit diesen Fragen kommst du in die Fülle, wirst dich zufrieden(er) und besser fühlen und deinem Leben so eine neue Richtung geben. Damit das nachhaltig passieren kann, ist es gerade zu Beginn wichtig, es wirklich täglich zu machen – zumindest für einen Zeitraum von dreißig Tagen. Du wirst sehen: Es lohnt sich! Du wirst dadurch mit einem neuen Mindset in den Tag starten und mit guten Gedanken schlafen gehen.

Schmerz umdrehen

Diese Übung beruht auf der Methode »The work« von Byron Katie, einer US-amerikanischen Bestsellerautorin, durch die du deine Gedanken hinterfragen und umdrehen kannst. Nimm einen der Gedanken, die dir dein innerer Tyrann eingesagt hat, und überprüf ihn durch folgende Fragen:

- Ist das wahr?
- Ist das immer, bei allen Gelegenheiten, mit allen Menschen und in jeder Beziehung wahr?

Kommt dir beispielsweise häufig *»Ich bin nicht gut genug«* in den Sinn, dann hinterfrag diesen Gedanken genau mit diesen Überlegungen. So wird dir schnell auffallen, dass du vielleicht in manchen Situationen oder Bereichen aus deiner Sicht nicht gut genug bist, aber keinesfalls immer und überall.

Als Nächstes beschäftige dich eingehend mit folgenden Fragen:

- Wenn du das glaubst, wie geht es dir dann?
- Wie gehst du mit dir um, wenn dir dieser Gedanke kommt?
- Wie gehst du mit anderen um, wenn du diesen Gedanken hast?
- Hat sich dieser Gedanke bewährt?
- Bringt dieser Gedanke Frieden und Glück in dein Leben oder eher Stress und Unwohlsein?
- Als du erstmals entschieden hast, diesen Gedanken zu denken – was war die positive Absicht dahinter? Hat das funktioniert?
- Nimm einmal an, dieser Gedanke wäre weg – woran würdest du das erkennen?
- Was wäre anders, wenn dieser Gedanke verschwunden wäre?
- Wer würde als Erstes bemerken, dass du diesen Gedanken nicht mehr hast?
- Woran würde dir auffallen, dass andere bemerkt haben, dass dieser Gedanke weg ist?
- Wie würden dir andere Menschen jetzt begegnen?
- Wenn du diesen Gedanken gehen lassen würdest, was für ein Mensch könntest du dann sein?
- Gibt es einen sinnvollen Grund, der keinen Schmerz bedeutet, an diesem Gedanken festzuhalten?

Wenn du diese letzte Frage mit »Nein!« beantwortest, dann sprich folgenden Satz laut aus: *»Ich kann damit leben, dass ich mal geglaubt habe ...«* und vollende ihn mit diesem Gedanken, den du so lange mit dir herumgetragen hast!

In einem nächsten Schritt bilde Umkehrungen von diesem Gedanken und schreib dir alle auf. Beim Beispiel *»Ich bin nicht gut genug!«* wären das die Sätze *»Der Gedanke, ich wäre nicht gut genug, ist nicht gut genug«*, *»Zu glauben,* *ich wäre nicht gut genug, ist nicht gut genug für mich«* und so weiter, bis du alle oben gelisteten Fragen eingebaut und umgekehrt hast.

Als Letztes schreib dir diesen Satz auf: *»Ich freu mich darauf, ein selbstsicherer, freier Mensch zu sein.«*

Diesen Prozess solltest du am besten mit jedem dich hemmenden Glaubenssatz durchführen.

Den richtigen Partner, die ideale Partnerin in dein Leben ziehen

Um Menschen zu begegnen, die unter Umständen als Lebenspartner für dich passend wären, musst du dein Unbewusstes darin schulen, was du gern hättest und was nicht. Geh dazu die folgenden Fragen, die du adaptiert aus dem Prozess rund um die richtigen Geschäftspartnerinnen und Kunden schon kennen wirst, in Ruhe durch – und halte die Antworten darauf wieder schriftlich fest:

- Was willst du nicht? Was sind deine absoluten No-Gos? Welche Verhaltensweisen, Charakterzüge, Vorlieben oder Abneigungen eines Menschen passen nicht zu deinen Vorstellungen, weshalb jemand mit diesen Parametern als Partner oder Partnerin nicht infrage kommen würde?
- Was wirkt auf dich abtörnend, womit kannst du gar nicht umgehen?
- Welchen deiner Werte darf dein Partner, deine Partnerin auf keinen Fall verletzen?
- Welches Gefühl möchtest du in einer Paarbeziehung unbedingt vermeiden?
- Was ist ein absolutes Muss und nicht verhandelbar für dich?
- In Bezug worauf bist du nicht kompromissbereit?

- Welche Art von Partner oder Partnerin hast du gern um dich?
- Worüber spricht jemand, den du anziehend findest, besonders gern?
- Welche ethischen Standards wünschst du dir bei deinem Partner, deiner Partnerin?
- In welchem Umfeld möchtest du mit deinem Partner, deiner Partnerin leben?
- Wie genau verhält sich dein Idealpartner, deine Idealpartnerin in seiner Beziehung mit dir?
- Was ist deinem Partner, deiner Partnerin im Leben wichtig?
- Welche Ziele und Werte hättest du gern mit deinem Partner, deiner Partnerin gemeinsam?
- Über welchen deiner Witze sollte dein Partner, deine Partnerin lachen können?
- Was würdest du gern von deinem Partner, deiner Partnerin lernen?

Wenn du mit diesen Fragen durch bist, du in deinen Antworten wirklich in Details und in die Tiefe gegangen bist und daraus ein anschauliches Bild entstanden ist, dann geht es in einem zweiten Schritt darum, dir zu überlegen, wer du sein musst, um einen Menschen mit diesen für dich idealen Eigenschaften anzuziehen: Welche deiner Fähigkeiten, Ressourcen und Vorlieben sind ein komplementäres Gegenstück zu diesem von dir skizzierten Wunschpartner? Du kannst hierfür alle Fragen noch einmal durchgehen – nur eben diesmal auf dich bezogen. Das wird dich begreifen lassen:

Wähle mit Bedacht, was du willst, denn du solltest dann für diesen Partner ebenfalls das ideale Gegenüber sein.

Literaturempfehlungen und Quellenverzeichnis

Bücher

Adizes, Ichak: Die Adizes-Methode. Wie Unternehmen jung und dynamisch bleiben. München: Wirtschaftsverlag Langen Müller/Herbig 1995.

Adler, Alfred: Menschenkenntnis. Köln: Anaconda-Verlag 2008.

Adler, Alfred: Praxis und Theorie der Individualpsychologie. Köln: Anaconda-Verlag 2012.

Becker, Manfred: Systematische Personalentwicklung. Planung, Steuerung und Kontrolle im Funktionszyklus. Stuttgart: Schäffer-Poeschel 2005.

Blanchard, Kenneth/Zigarmi, Patricia/Zigarmi, Drea/Oncken Jr., William/Burrows, Hal/Carew, Donald/Parisi-Carew, Eunice: Das Minuten-Manager-Buch. Reinbek bei Hamburg: Rowohlt-Taschenbuch-Verlag 2007.

Braun, Roman: Die Macht der Rhetorik: Besser reden – mehr erreichen. München: Redline-Verlag 2018.

Braun, Roman/Gawlas, Helmut/Maywald, Fritz: Führen ohne Drama. Die 8 größten Führungsirrtümer gelöst durch Trinergy-Strategien. Wien: Linde-Verlag 2005.

Braun, Roman/Gawlas, Helmut/Schmalz, Amanda/Dauz, Edgar: Die Coaching-Fibel. Vom Ratgeber zum High Performance Coach. Wien: Linde 2004.

Brown, Brené: Daring Greatly. How the Courage to Be Vulnerable Transforms the Way We Live, Love, Parent, and Lead. London: Penguin Life 2015.

Byron, Katie: The Work. Der einfache Weg zum befreiten Leben. München: Goldmann-Verlag 1999.

Calaprice, Alice (Hg.): Einstein sagt. Zitate, Einfälle, Gedanken. München: Piper-Verlag 2005.

Chapman, Gary: Die fünf Sprachen der Liebe. Wie Kommunikation in der Partnerschaft gelingt. Marburg: Francke-Verlag 2010.

Chopich, Erika J./Paul, Margaret: Aussöhnung mit dem inneren Kind. Berlin: Ullstein-Verlag 2009.

Covey, Stephen M.R.: The Speed of Trust. Free Press 2006.

Deida, David: Der Weg des wahren Mannes. Ein Leitfaden für Meisterschaft in Beziehungen, Beruf und Sexualität. Bielefeld: Verlag Kamphausen Media 2006.

Dilts, Robert: Die Magie der Sprache. Angewandtes NLP = Sleight of mouth. Paderborn: Junfermann 2001.

Ekman, Paul: Ich weiß, dass du lügst. Was Gesichter verraten. Reinbek bei Hamburg: Rowohlt-Taschenbuch-Verlag 2011.

Enkelmann, Claudia E.: Einfach mehr Charisma. Was uns wirklich beeindruckt. Wie Sie auf andere wirken. Wien: Linde 2010.

Frankl, Viktor E.: ... trotzdem Ja zum Leben sagen: Ein Psychologe erlebt das Konzentrationslager. München: Penguin-Verlag 2018.

Gilbert, Daniel Todd/Hickisch, Burkhard: Ins Glück stolpern. Über die Unvorhersehbarkeit dessen, was wir uns am meisten wünschen. München: Riemann 2006.

Halpern, Dr. Howard M.: Wie Liebe gelingen kann. Verstrickungen erkennen und eigene Schranken überwinden. Salzhausen: iskopress 1994.

Harris, Thomas Anthony: Ich bin o.k., du bist o.k. Wie wir uns selbst besser verstehen und unsere Einstellung zu anderen verändern können. Eine Einführung in die Transaktionsanalyse. Reinbek bei Hamburg: Rowohlt 1976.

Hellinger, Bert: Die Liebe des Geistes. Was zu ihr führt und wie sie gelingt. Berchtesgaden: Hellinger publications 2016.

Hellinger, Bert: Liebe auf den zweiten Blick. Freiburg: Verlag Herder 2002.

Hill, Napoeleon: Denke nach und werde reich. Die 13 Gesetze des Erfolgs. München: Ariston-Verlag 2009.

Hill, Napoleon: Die Gesetze von Reichtum und Erfolg. München: Ariston-Verlag 2008.

Huber, Prof. Dr. Johannes/Gregor, Elisa: Die Männer-Macher. Die sensationelle Wirkung der Hormone auf Vitalität, Potenz und gutes Aussehen. München: Midena 2001.

Jellouschek, Hans: Liebe auf Dauer: Was Partnerschaft lebendig hält. Freiburg im Breisgau: Verlag Herder 2010.

Jellouschek, Hans: Wie Partnerschaft gelingt. Freiburg im Breisgau: Verlag Herder 2007.

Kast, Verena: Wege aus Angst und Symbiose. Märchen psychologisch gedeutet. München: dtv 1992.

Kindl-Beifuß, Carmen: Fragen können wie Küsse schmecken. Systemische Fragetechniken für Anfänger und Fortgeschrittene. Heidelberg: Carl-Auer-Verlag 2008.

Kirchler, Erich M.: Wirtschaftspsychologie. Grundlagen und Anwendungsfelder der ökonomischen Psychologie. Göttingen: Hogrefe 1995.

Klein, Stefan: Der Sinn des Gebens. Warum Selbstlosigkeit in der Evolution siegt und wir mit Egoismus nicht weiterkommen. Frankfurt am Main: S.-Fischer-Verlag 2011.

Kotler, Philip/Bliemel, Friedhelm: Marketing-Management. Analyse, Planung, Umsetzung und Steuerung. Stuttgart: Schäffer-Poeschel 1999.

Kraemer, Horst: Soforthilfe bei Stress und Burn-out. München: Kösel-Verlag 2012.

Lama Nydhal, Ole: Wie die Dinge sind. Eine zeitgemäße Einführung in die Lehre Buddhas. München: Droemer-Knaur-Verlag 2004.

Lamnek, Siegfried: Qualitative Sozialforschung. Weinheim: Beltz PVU 2008.

Lombriser, Roman/Abplanalp, Peter A.: Strategisches Management. Visionen entwickeln, Strategien umsetzen, Erfolgspotentiale aufbauen. Zürich: Versus 2005.

Müller, Petra/Wieland, Rainer: Liebesbriefe großer Männer. Band 1. München: Piper 2009.

Navarro, Joe: Menschen lesen. Ein FBI-Agent erklärt, wie man Körpersprache entschlüsselt. München: mvg-Verlag 2005.

Netzwerk CoachPro (Hg.)/Schlieper-Damrich, Ralph/Kipfelsberger, Petra: Wertecoaching. Beruflich brisante Situationen sinnvoll meistern. Bonn: managerSeminare 2008.

North, Klaus: Wissensorientierte Unternehmensführung. Wertschöpfung durch Wissen. Wiesbaden: Gabler 2005.

Obermaier, Pamela/Falk, Petra: Gut gebrüllt und schon gewonnen. Was Ihre Stimme über Sie verrät und wie Sie ihre Kraft wirkungsvoll einsetzen. Wien/Berlin: Goldegg-Verlag 2017.

Obermaier, Pamela/Hasmann, Gabriele: Gummibärchen für die Seele. Mystik für Einsteiger und Realisten. Wien/Berlin: Goldegg-Verlag 2014.

Obermaier, Pamela/Täuber, Marcus: Gewinner grübeln nicht. Richtiges Denken als Schlüssel zum Erfolg. Wien/Berlin: Goldegg-Verlag 2016.

O'Connor, Joseph: NLP – das WorkBook. Kirchzarten bei Freiburg: VAK 2005.

Onken, Julia: Vatermänner. Ein Bericht über die Vater-Tochter-Beziehung und ihren Einfluß (sic!) auf die Partnerschaft. München: Verlag C. H. Beck 1993.

Probst, Gilbert J. B./Raub, Steffen/Romhardt, Kai: Wissen managen. Wie Unternehmen ihre wertvollste Ressource optimal nutzen. Wiesbaden: Gabler 2003.

Port, Michael: Beyond Booked Solid. New Jersey: John Wiley & Sons 2008.

Radatz, Sonja: Beratung ohne Ratschlag. Systemisches Coaching für Führungskräfte und BeraterInnen. Wien: Verlag Systemisches Management 2002.

Radatz, Sonja: Einführung in das systemische Coaching. Heidelberg: Auer 2006.

Rauen, Christopher: Coaching. Göttingen/Bern/Wien: Hogrefe 2008.

Richert, Vera: Mentoring und lebenslanges Lernen. Individuelles Wissensmanagement im Informationszeitalter. Saarbrücken: VDM/Müller 2006.

Riemann, Fritz: Grundformen der Angst. Eine tiefenpsychologische Studie. München: Ernst-Reinhardt-Verlag 1991.

Riempp, Gerold: Integrierte Wissensmanagement-Systeme. Architektur und praktische Anwendung. Berlin: Springer 2004.
Robbins, Anthony: Awaken the giant within. How to take control of your mental, emotional, physical and financial destiny. Sydney: Simon & Schuster 1991.
Robbins, Anthony: Das Robbins-Power-Prinzip. Berlin: Ullstein 2004.
Robbins, Anthony: Grenzenlose Energie. Das Powerprinzip. Wie Sie Ihre persönlichen Schwächen in positive Energie verwandeln. Berlin: Ullstein 2004.
Rinpoche, Sogyal: Das tibetische Buch vom Leben und Sterben. Ein Schlüssel zum tieferen Verständnis von Leben und Tod. München: Droemer-Knaur-Verlag 2010.
Satir, Virginia: Familienbehandlung. Kommunikation und Beziehung in Theorie, Erleben und Therapie. Breisgau: Lambertus 1997.
Schäfer, Thomas: Was die Seele krank macht und was sie heilt: Die psychotherapeutische Arbeit Bert Hellingers. München: Knaur/MensSana-Taschenbuch-Verlag 2016.
Schäfer, Thomas: Wenn Dornröschen nicht mehr aufwacht. Bekannte Märchen aus Sicht von Bert Hellingers Familienaufstellungen. München: Knaur/MensSana-Taschenbuch-Verlag 2008.
Schreyögg, Georg (Hg.): Organisation. Grundlagen moderner Organisationgestaltung. Wiesbaden: Gabler 2003.
Schrattenecker, Gertraud (Hg.)/Schweiger, Günter: Werbung. Eine Einführung. Stuttgart: Lucius & Lucius 2001.
Schwanitz, Dietrich: Männer. Eine Spezies wird besichtigt. München: Goldmann 2003.
Schweppe, Ronald P./Schwarz, Aljoscha A.: NLP-Praxis. Neurolinguistisches Programmieren – die besten Techniken und Übungen für die optimale Kommunikation. München: Südwest-Verlag 2009.
Seligmann, Martin: Pessimisten küsst man nicht. Optimismus kann man lernen. München: Droemer-Knaur-Verlag 2001.

Senge, Peter M.: Die fünfte Disziplin. Kunst und Praxis der lernenden Organisation. Stuttgart: Klett-Cotta 2001.

Shazer, Steve de: Worte waren ursprünglich Zauber. Von der Problemsprache zur Lösungssprache. Heidelberg: Carl-Auer-Verlag 2009.

Simon, Fritz B./Rech-Simon, Christel: Zirkuläres Fragen. Systemische Therapie in Fallbeispielen: Ein Lernbuch. Heidelberg: Carl-Auer-Verlag 2018.

Singer, Michael A.: Die Seele will frei sein: Eine Reise zu sich selbst. Berlin: Ullstein-Taschenbuch-Verlag 2016.

Spitzer, Manfred/Herschowitz, Norbert: Wie wir denken und lernen. Ein faszinierender Einblick in das Gehirn von Erwachsenen. München: mvg 2020.

Strauss, Neil: Die perfekte Masche. Bekenntnisse eines Aufreißers. Berlin: Ullstein 2006.

Tan, Chade-Meng: Search Inside Yourself: Optimiere dein Leben durch Achtsamkeit. München: Goldmann-Verlag 2015.

Täuber, Marcus/Obermaier, Pamela: Alles reine Kopfsache! 5 Phänomene aus der Hirnforschung, mit denen Sie alles schaffen, was Sie wollen. Wien/Berlin: Goldegg-Verlag 2018.

Täuber, Marcus/Obermaier, Pamela: Das Prinzip der Mühelosigkeit. Warum manchen alles gelingt und andere immer kämpfen müssen. Wien/Berlin: Goldegg-Verlag 2019.

Tillmetz, Eva: Familienaufstellungen. Sich selbst verstehen – die eigenen Wurzeln entdecken. Freiburg: Kreuz-Verlag 2001.

Tolle, Eckhardt: Eine neue Erde. Bewusstseinssprung anstelle von Selbstzerstörung. München: Arkana 2015.

Tolle, Eckhardt: Jetzt! Die Kraft der Gegenwart. Ein Leitfaden zum spirituellen Erwachen. Bielefeld: J.-Kamphausen-Verlag 2000.

Ucik, Martin: Integrale Beziehungen. Ein Ratgeber für Männer. Mallorca: Phänomen-Verlag 2012.

Ulbing, Norbert Paul: Beziehungsflow. Lebenslange Kundenbeziehungen mit System. Wien: Österreichischer Wirtschaftsverlag 2007.

Varga von Kibèd, Matthias/Sparrer, Insa: Ganz im Gegenteil: Tetralemmaarbeit und andere Grundformen Systemischer Strukturaufstellungen – für Querdenker und solche, die es werden wollen. Heidelberg: Carl-Auer-Verlag 2018.

Watkins, John G./Watkins, Helen H.: Ego-States – Theorie und Therapie. Ein Handbuch. Heidelberg: Carl-Auer-Verlag 2019.

Watzlawick, Paul: Anleitung zum Unglücklichsein. München: Verlag Piper 2009.

Watzlawick, Paul: Wenn du mich wirklich liebtest, würdest du gern Knoblauch essen. Über das Glück und die Konstruktion der Wirklichkeit. München: Verlag Piper 2006.

Watzlawik, Paul: Wie wirklich ist die Wirklichkeit? Wahn, Täuschung, Verstehen. München: Verlag Piper 2010.

Willink, Jocko/Babin, Leif: Extreme Ownership. How US Navy Seals Lead and Win. New York City: Macmillan USA 2017.

Yogananda, Paramahansa: Autobiographie eines Yogi. Los Angeles: Verlag Self-Realization Fellowship 2001.

Zurhorst, Eva-Maria: Liebe dich selbst, dann ist es egal, wen du heiratest. München: Goldmann-Verlag 2009.

Zimbardo, Philip George/Gerrig, Richard J.: Psychologie. München: Pearson Studium 2008.

Onlinequellen

Baumgarth, Carsten/Binckebanck, Lars: Zusammenarbeit von Verkauf und Marketing – reloaded, S. 43–60. Online verfügbar unter http://dx.doi.org/10.1007/978-3-8349-6467-0_3 (zuletzt geprüft am 15. Juni 2011).

https://szenerostock.de/artikel/interview-reinhold-messner-798624

https://www.spektrum.de/news/epigenetik-maeusekinder-erben-erfahrungen-der-grosseltern-spektrum-de/1215397 (zuletzt geprüft am 15. Mai 2020).

https://www.ted.com/talks/brene_brown_the_power_of_vulnerability?language=de (zuletzt geprüft am 15. Mai 2020).

https://www.youtube.com/playlist?list=PLHlNPWlMqmDSBrqPoLUMafdR2jNOnicXB (zuletzt geprüft am 15. Mai 2020).

https://www.youtube.com/watch?v=Ia1Md31N-14

https://www.youtube.com/watch?v=k3RGeJRXm8s&feature=youtu.be

jd: Kein Unterschied beim Turbo-Flirt. In: Geist und Gehirn. Online verfügbar unter http://www.gehirn-und-geist.de/artikel/997096&_ z=798888, zuletzt geprüft am 4. Juni 2011.

Parship (Hg.): Wenig Zeit für die Liebe. Online verfügbar unter http://www.parship.at/forschung/studien/wenig-zeit-fuer-die-liebe. htm (zuletzt geprüft am 4. Juni 2011).

Parship (Hg.): Singles suchen Harmonie, Verständnis und innere Werte. Online verfügbar unter http://www.parship.at/forschung/studien/studie-singles-harmonie-verstaendnis-innere- werte.htm (zuletzt geprüft am 4. Juni 2011).

Parship (Hg.): Singles ab 30 setzen auf Partnersuche im Internet. Online verfügbar unter http://www.parship.at/forschung/studien/ index.htm (zuletzt geprüft am 30. September 2011).

Statistik Austria (Hg.): Lebensformen. Online verfügbar unter http://www.statistik.at/web_de/statistiken/bevoelkerung/haushalte_familien_lebensformen/lebensformen (zuletzt geprüft am 30. September 2011).
Statistik Austria (Hg.): Ehescheidungen. Online verfügbar unter http://www.statistik.at/web_de/statistiken/bevoelkerung/scheidungen (zuletzt geprüft am 30. September 2011).